JACQUES ISNARDON

LE CHANT THEATRAL

.RENÉ COEURET.

MAURICE VIEU
ET JANE VIEU
PARIS

LE CHANT
THÉATRAL

Robert-Ka
1911

J. Ignardon

JACQUES
ISNARDON

LE CHANT
THEATRAL

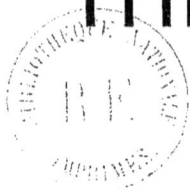

PRIX NET 15 F.

PARIS

MAURICE VIEU & JANE VIEU

51, RUE DE ROME, 51

ÉDITEURS-PROPRIÉTAIRES POUR TOUS PAYS

PRÉFACE

Mon cher ami,

Si je venais dire ici qu'avant la publication de ce livre l'enseignement du chant n'existait pas, vous seriez le premier à en sourire ;
mais je suis heureux de pouvoir déclarer qu'en parcourant ces pages,
j'y ai rencontré, imprimées pour la première fois, bien des vérités
essentielles.

Certes, l'enseignement verbal du chant (malgré son habituel
empirisme, malgré qu'il néglige presque toujours d'aller au fond
des choses et d'analyser scientifiquement les impulsions de l'instinct) a produit, à toutes les époques et pourvu qu'il émanât de bons
maîtres, des résultats excellents ; car il peut s'illustrer d'exemples,
de démonstrations et d'éclaircissements modifiables selon les élèves
auxquels il s'adresse.

Il n'en va pas de même de l'enseignement écrit, et l'on trouverait,
je pense, assez difficilement, un chanteur véritable qui dût son talent,
ne fût-ce qu'en partie, à tel traité qu'il aurait lu. C'est que les
méthodes de chant ont le tort de vouloir imiter l'enseignement verbal ;
elles « vont au plus pressé » ; formulent des préceptes, énoncent des
commandements, justifiés sans doute, mais qui, à cause d'une impos-
sibilité matérielle, y apparaissent insuffisamment expliqués et que
l'élève, dès lors, ne comprend qu'à demi — quand il les comprend.
Ignorant l'origine physiologique des lois qu'on lui impose, il n'en
pénètre pas l'esprit, en méconnaît la variabilité, n'en conçoit point
les ressources d'adaptation logique et esthétique aux cas les plus
divers et les plus opposés.

— 1 —

Le mérite et la nouveauté de votre ouvrage consistent en ce que, loin de vous borner à pousser péremptoirement l'élève dans des chemins qui vous sont familiers mais dont il ne connaît ni le terrain ni l'itinéraire, vous vous appliquez bien plutôt à déployer devant ses yeux le domaine vocal tout entier, à lui en dévoiler, si j'ose dire, la topographie, afin qu'il puisse, d'après les circonstances, y tracer lui-même sa route et y déterminer la stratégie qui lui convient. Vous le faites, en outre, d'une manière attrayante et dissimulez la gravité scientifique de vos solides dissertations sous un aspect brillant et varié.

De même, les références, les exemples pour lesquels vous confirmez vos assertions sont ingénieux, imprévus, frappants, parce que vous les prenez tout près de nous, à portée de l'expérience journalière et qu'il nous est donné à toute heure d'en vérifier la justesse.

Une autre qualité de cet ouvrage c'est sa loyauté. Nul ne peut douter, après vous avoir lu, que le chant soit un art extrêmement difficile où l'on ne saurait exceller sans mettre en œuvre un rare ensemble de facultés et dont il sied de déconseiller également la pratique à ceux qui ne disposent que d'une belle voix et à ceux qui sont exclusivement doués de bonne volonté. En effet, le don qu'il est indispensable de posséder pour bien chanter, et sans lequel il faut renoncer à y parvenir, c'est l'instinct vocal. Il est indépendant de la voix, comme l'éloquence est indépendante de la prononciation et la grâce chorégraphique de la beauté du corps. C'est ce que méconnaissent un grand nombre de professeurs — au point qu'on ne peut toujours se défendre d'un doute à l'égard de leur désintéressement. La volonté, le labeur assidu peuvent beaucoup en matière de chant, s'ils sont guidés par l'instinct; privés de sa lumière, ils demeurent inutiles. La beauté, le volume de la voix sont d'importance secondaire; ils ne doivent être considérés qu'au point de vue de « l'emploi » auquel il est opportun de se consacrer, et pas une personne de goût ne trouverait plus de plaisir à entendre un mauvais ténor hurler d'une belle voix un opéra entier qu'à écouter un bon artiste de café-concert détailler avec tact et avec charme une petite chanson.

Or, votre livre sera d'un précieux secours à ceux-là qui possèdent l'instinct vocal — tant il est vrai qu'on ne comprend réellement que ce qu'on savait déjà ; *grâce à vous, ils verront plus clair en eux-mêmes ; ils retrouveront dans ces pages, nettement décrits et savamment étudiés, des phénomènes connus qu'ils tenaient pour autant de particularités personnelles ; ils y apprendront, en un mot, à se connaître et à se contrôler.*

Par contre, ceux qui sont privés de cet instinct, ceux à qui la vocation fait défaut, seront, je le crois — et je l'espère, promptement rebutés par ce livre. Puisse-t-il, cher ami, les plonger dans un amer découragement et les persuader d'adopter une autre carrière que celle du chant pour laquelle ils ne sont pas nés, ou un passe-temps dont leurs contemporains aient moins à pâtir.

Décourageons ! Décourageons ! c'est un devoir, décourageons tous ceux dont la bruyante nullité encombre un art que nous chérissons ardemment, un art qui peut justement passer pour l'un des plus humains, des plus vastes, des plus nobles qui soient et qu'on souffre de voir regarder par des sots et des blasphémateurs comme un débouché commode ou comme un délassement hygiénique. Humain, comment ne le serait-il pas, puisqu'il prend racine dans notre âme et dans notre corps à la fois, qu'il émane directement de nos fibres les plus secrètes et que rien ne s'interpose entre notre être et lui ? Vaste il l'est infiniment puisqu'il s'inspire de tout, procède de tout, qu'il peut et doit traduire des émotions, évoquer des objets, suggérer des images, recéler un pouvoir illimité d'incantation. Quant à sa noblesse, elle réside dans son incomparable fragilité, dans ce qu'il a d'irrémédiablement éphémère : à peine un son est-il créé qu'il s'évanouit à jamais, emportant avec lui son enchantement ; et la valeur artistique d'un chanteur peut se mesurer, entre autres choses, à son souci plus ou moins grand de rendre précieuse une matière vouée à la mort immédiate.

Encore une fois, le caractère transcendant, la beauté quasi abstraite du chant, votre traité en donne vivement, fortement la notion, sans pourtant jamais perdre de vue un but accessible et pratique. Cette originale et intelligente dualité lui vaudra, j'en suis convaincu, le grand succès que je vous souhaite de tout cœur.

REYNALDO HAHN.

LETTRE DE M. LE Dr MARAGE

Vous avez eu parfaitement raison de laisser dans votre ouvrage une place importante à la physiologie : vous avez compris l'intérêt considérable qu'il y a pour un professeur de chant à établir sa méthode sur des bases réellement scientifiques.

Cela du reste ne m'étonne pas de votre part; car vous êtes le premier des professeurs du Conservatoire que j'ai vu à mon cours de la Sorbonne; d'autres ont suivi votre exemple.

Je ne sais pas si je vous ai été utile, mais, vous, vous m'avez rendu service par vos objections : vous m'avez forcé, en effet, à travailler certaines questions qui vous intéressaient particulièrement, et lorsque nous n'étions pas du même avis, vous ne vous êtes incliné que si je vous apportais une expérience bien faite et tout à fait probante.

Tel doit être, à mon avis, le rôle du physiologiste au Conservatoire : il ne doit s'occuper ni de méthode de chant, ni de musique, ni de médecine; il doit être simplement un homme de laboratoire, auquel on va demander conseil, si on en a besoin, et dont on suit les cours, s'ils sont bien faits; il est en effet sans exemple qu'un cours clair et utile ait manqué d'auditeurs.

Votre ouvrage rendra les plus grands services, je vous en félicite et je souhaite qu'il obtienne tout le succès qu'il mérite.

Votre tout dévoué,

MARAGE.

LETTRE DE M. LE Dʳ CUVILLIER

En même temps que ce mot, cher maître et ami, vous recevrez votre manuscrit que je vous renvoie recommandé.

Je l'ai lu d'un bout à l'autre avec la plus grande attention et le plus vif intérêt.

Vous me demandez d'en faire la critique : On n'y trouve rien à reprendre, mais beaucoup à apprendre.

Je vous félicite sincèrement d'un travail aussi complet, aussi nouveau et aussi parfait.

Nul ouvrage ne peut mieux répondre aux besoins modernes ni à l'orientation nouvelle, si nécessaire et si attendue, de l'art du chant.

Encore bravo pour le grand succès que ce beau livre va remporter, j'en suis certain, et bien affectueusement à vous,

Dʳ H. CUVILLIER.

LETTRE DE M. LE Dʳ CASTEX

Je vous remercie de m'avoir communiqué les bonnes feuilles de votre traité. Vous me donnez ainsi le plaisir de dire l'excellente impression que j'en garde.

En professeur consciencieux, vous avez voulu connaître ce que l'anatomie et la physiologie de l'appareil vocal peuvent avoir d'utile pour l'enseignement du chant.

C'est à ce désir que je dois les agréables soirées d'instruction mutuelle, où vous m'interrogiez sur le fonctionnement du larynx humain et où vous répondiez à mes questions d'ordre artistique.

Les règles que vous proposez s'accordent bien avec les données scientifiques. Elles ont d'ailleurs l'appui de votre brillant enseignement.

En vous lisant, je me suis arrêté plus spécialement sur le chapitre : « Chant Mécanique » qui expose les principales notions de la physiologie, et et sur celui de « l'Articulation », d'une si grande importance.

Vous vous gardez bien d'imposer des dogmes.

Votre érudition n'exclut pas les mille anecdotes qui gravent le précepte dans la mémoire de l'élève.

Et comme vous avez eu raison d'insister sur ces erreurs de diagnostic que peuvent facilement commettre les professeurs de chant dans le classement des voix. C'est nous, laryngologistes, qui constatons les ravages produits sur les cordes vocales par ces erreurs.

Les fausses vocations seront plutôt découragées en lisant votre traité. Il est bon qu'il en soit ainsi. La voix est chose si fragile, et si peu d'élèves arrivent à une situation brillante!

Encore une fois merci. Je souhaite et j'entrevois un très grand succès pour votre ouvrage.

J'aurai, pour ma part, à le consulter souvent.

Cordialement à vous,

Dʳ André Castex.

LETTRE DE M. LE PROFESSEUR LIVON

Les traités sur le chant ne manquent assurément pas. Leurs auteurs les ont écrits de bonne foi et avec la conviction que ce qu'ils pensaient sur la production de la voix était la réalité. Aussi, bien souvent, se sont-ils égarés à côté de la question, ce qui fait qu'ils ont raisonné faux.

Le chant, comme vous l'avez parfaitement compris, dépend surtout de la façon de former et d'émettre le son vocal.

Tout le secret, à mon avis, consiste donc à savoir se servir de son appareil vocal, mais, pour cela, il faut bien le connaître.

Aussi, est-ce avec une grande satisfaction que j'ai constaté, en parcourant le manuscrit de votre ouvrage, que vous vous étiez largement appuyé sur les données de la science anatomique et physiologique, et que vous aviez consacré à la physiologie de la voix et de la respiration un chapitre important.

Avec une base pareille, le succès de votre œuvre n'est point douteux, car vous avez su joindre à votre grande expérience les données de la science, ce qui permet d'avancer que tous ceux qui suivront vos conseils sont assurés de ne pas faire fausse route.

Aussi je ne crains pas de dire à tous ceux qui entreprennent l'étude du chant que, avec une méthode telle que la vôtre, ils sont sûrs de ne pas casser leur voix, attendu que vous connaissez parfaitement la conformation et la fonction de l'organe dont vous enseignez le maniement.

C'est donc de la science et non de l'empirisme !

Cordialement à vous,

Dʳ Cʜ. Livon.

AVANT-PROPOS

Lorsque, dans une réunion mondaine, un peintre, un savant ou un écrivain prend la parole, on écoute le Maître avec déférence, avec dévotion, — comme s'il enseignait.

Mais la conversation s'engage-t-elle sur la musique ou sur le chant, un professionnel ne saurait placer un mot. Songe-t-on seulement à le consulter ? Tout le monde parle à la fois, émet ses idées, impose son opinion, prétend à une infaillible critique.

Ceux qui n'oseraient juger une œuvre instrumentale ou symphonique, — « je ne suis pas musicien » disent-ils modestement, mais ils s'empressent d'ajouter : « j'ai une bonne oreille » — ceux-là mêmes formulent leur opinion avec assurance dès qu'il s'agit de chant ou d'art théâtral. D'un mot, ils exécutent tel artiste de valeur, alors que tel autre, d'un talent extrêmement différent, est porté aux nues.

Pas de salon qui n'ait son ténor amateur, pas de maison où quelque jeune fille ne rêve de carrière lyrique. Musique partout !

Parmi les élèves, dans l'enseignement et, parfois, dans les théâtres lyriques, on émet couramment les idées les plus contradictoires, les opinions les plus stupéfiantes.

Par cela même, aucune appréciation juste, aucune critique sincère et profitable. Aussi, l'art du chant est-il devenu l'un des plus difficiles à exercer. D'autant plus difficile que l'évolution musicale l'oblige à se modifier, à se compléter, et qu'il est, en outre, l'objet d'erreurs physiologiques graves et le prétexte à une exploitation ignorante et effrénée.

A ceux qui se sont efforcés d'apprendre, de comprendre, à ceux qui ont consacré leur existence à cet art, il appartient, dès lors, de diffuser les connaissances qu'ils ont acquises, quelquefois très péniblement.

— Eh ! quoi ! encore une méthode de chant ?

— Non, pas précisément. D'ailleurs, les bibliothèques regorgent de ces sortes d'ouvrages. Non, après une carrière de chanteur, où il a fait de son mieux, un professeur, un simple artiste se recueille ; il rassemble ses souvenirs. Il n'ignore pas que fixer ses pensées est, selon le précepte ancien, la meilleure sagesse à laquelle on puisse prétendre ici-bas. Il précise les idées recueillies — les siennes et celles des autres — les observations glanées au cours des luttes professionnelles. Il a bu à toutes les sources, a puisé à tous les trésors, s'est éclairé à tous les flambeaux.

Certes, il se défend de toute vanité littéraire — comme de toute ambition scientifique. Il s'excuse d'avoir effleuré et, parfois, presque approfondi certaines vérités qui impliquaient d'inévitables incursions dans le domaine de l'anatomie et de la physiologie. En se couvrant de l'autorité de savants, il a fourni la preuve de son labeur et de sa conscience. On a vu quels Maîtres furent ses initiateurs, ses collaborateurs [1]. Aussi, croit-il fermement que, s'il passait sous silence ces importantes questions, son travail demeurerait incomplet.

Il a, simplement, sans dogmatisme, écrit un livre de bonne volonté.

Puissent les lecteurs, très indulgents, y discerner une orientation possible pour l'enseignement d'un art si décrié et si copieusement pratiqué à notre époque.

JACQUES ISNARDON

---

[1] *A ceux de MM. Castex, Cuvilier, Livon et Marage, il est juste d'ajouter le nom de M. le Dr Hepp qui, après avoir délivré l'auteur d'un malencontreux appendice, charma sa convalescence en complétant ses humbles rudiments de biologie et d'anatomie comparée, et celui de M. le Dr Glover, médecin du Conservatoire, auquel le signataire de cet ouvrage doit de longues conversations fort instructives et qui passionnaient également le savant praticien et le modeste professeur.*

Que tous — ici — reçoivent l'hommage d'une profonde gratitude.

PREMIÈRE PARTIE

Le Chant et son Enseignement

LE CHANT ET SON ENSEIGNEMENT

A h! de mon temps !... » disait, aux jours de mon adolescence, mon vieil oncle Numa avec regret et mélancolie.

Et, déjà, je me rendais bien compte que, « de son temps, » il avait quarante années de moins et que la magie de la jeunesse lui faisait tout voir en beau.

... Mais, depuis « le temps » de l'oncle Numa, il y a quelque chose de changé dans les esprits. Ce changement, que les plus entêtés n'essaient pas de nier dans la littérature et dans les arts, se fait grandement sentir dans le théâtre.

Nous ne nous intéressons plus aux amusettes de nos pères. Un généreux besoin s'est révélé de grandeur et de rêve. D'autre part aussi d'humanité — de vérité, de vérité « théâtrale »; car, la vérité vraie est au théâtre, domaine du mensonge, l'impossible chimère.

La lumière du jour y fut imitée par des chandelles, puis par des quinquets, enfin par le gaz et l'électricité. L'action s'y passe dans les salons qui n'ont que trois côtés.

Au long du chemin parcouru, les comédiens ont modifié leur jeu. Les plus célèbres aujourd'hui ne sont peut-être pas ceux qui eussent autrefois triomphé. Ils se sont conformés à l'évolution. Nous verrons ce qu'ont fait les chanteurs.

Il est aisé de deviner combien difficile et complexe est devenu l'enseignement du chant et de combien d'épithètes malsonnantes on qualifie les méthodes — et les professeurs.

Disons, en trois mots, que, sous peine de « faillite », l'Enseignement doit être réformé, éclairé de science, qu'il doit porter sur la culture générale de l'élève et s'inspirer de ce principe que le mécanisme du larynx est intimement lié au mécanisme du cerveau, et voyons ce qu'il en est de la *Décadence de l'art vocal*, actuel sujet de tant de récriminations.

M. Albert Sorel, de l'Académie Française, écrivait, à propos de la millième de *Carmen* et de la cinq centième de *Manon* :

« J'étais au collège Rollin, en rhétorique, lorsque fut donné le *Faust* de Gounod. J'assistai à l'une des premières représentations. *Faust*, qui eut la destinée de *Carmen*, connut les mêmes épreuves et ne fit sa rentrée glorieuse à Paris qu'après une campagne d'hiver en Allemagne. Il y avait

— 3 —

cependant une critique, en ce temps-là ; elle se piquait de goût et de principes. Son goût était de trouver mauvais tout ce qui était venu au monde depuis 1830. Quant au principe, il était simple : pour les uns, depuis Mozart; pour les autres, les « savants », depuis Beethoven; pour les modernes et les téméraires : depuis Rossini, il n'existait plus rien. Entre 1787, l'année de *Don Juan* et 1816, l'année du *Barbier*, le monde avait connu l'âge d'or. Avant, c'était le chaos; après, la décadence. »

Rien de nouveau sous le soleil.

Lorsque j'étais élève au Conservatoire, j'entendais les vieux amateurs pleurer sur la décadence du chant. Chaque année, aux concours, les journaux étaient pleins de ces lamentations. On nous parlait des époques héroïques où tant de grands maîtres avaient illustré les scènes françaises et italiennes.

Les chanteurs, qui brillaient alors à l'Opéra et à l'Opéra-Comique, semblaient ravalés au rang de simples choristes. Nos professeurs étaient traités d'ignares. Nous apparaissions, nous, pauvres élèves, comme une théorie de jeunes oisons incapables de ne jamais rien savoir.

Cependant, quand j'interrogeais mes vieux maîtres, ils répondaient, avec une aimable et souriante philosophie, que, depuis plus de trente ans, ils entendaient les mêmes phrases et souffraient de la même mentalité.

Quand je consultais les collections de gazettes, je constatais que, trente autres années avant ces vieux professeurs, on avait déjà poussé — et en quels termes ! — les mêmes cris d'alarme.

L'art du chant avait-il donc toujours été en décadence?

Quelle perplexité pour des élèves désireux de bien faire ! Quel doute pour des âmes de bonne volonté !

Qu'allions-nous devenir ?

Nous ne pouvions, à vingt ans, avoir la même sérénité que nos vieux professeurs. Nos inquiétudes étaient grandes, notre confiance en l'Enseignement bien diminuée, notre courage bien amoindri.

Néanmoins, on s'acharna au travail, et quelques-uns d'entre nous n'eurent pas à s'en plaindre.

Fondant nos espoirs sur l'histoire des peuples, nous pensions que, après la période décadente, sonnerait enfin la Renaissance de l'art vocal, et nous allions presque nous réjouir de l'honneur auquel nous serions appelés d'appartenir à cette heureuse époque, de contribuer peut-être à sa gloire.

Mais les plaintes ne cessèrent pas. Elles continuèrent les jérémiades. Et, au bout de longues années, voilà qu'on parle maintenant de la « Faillite des Écoles de Chant ».

L'appellation a changé; l'air varie; la chanson est la même.

❧

« Ah ! de mon temps!... » disait le vieil oncle Numa.

J'ai toujours été frappé de ce fait que l'homme, arrivé à un certain âge, trouve les choses du présent incomparablement inférieures à celles du passé.

Dès mes jeunes années, je m'étais promis de ne pas tomber, plus tard, dans ce travers.

Mais que de gens ressemblent à l'oncle Numa !

Les plus grands esprits, les plus remarquables intelligences, subissent, avec le regret de leur jeunesse, l'impression d'un mirage trompeur qui leur montre comme meilleures les choses d'autrefois.

On est toujours « de son temps ».

N'a-t-on pas vu, en ces dernières années, le docteur D.., médecin en chef des hôpitaux, auteur d'ouvrages remarquables, lutter contre les récentes découvertes de la science, écarter les théories microbiennes, nier l'antisepsie qu'il refusait de faire intervenir dans les opérations les plus graves et mourir dans l'impénitence finale.

Pour choisir — parmi tant d'autres — un exemple puisé dans le monde artistique, me sera-t-il permis de citer l'un des plus grands maîtres de la musique française, Charles Gounod ?

Je n'ai pas ici l'intention d'être irrespectueux envers le glorieux musicien ; si je n'étais lié à son souvenir par l'admiration, je le serais par la reconnaissance. Il fut l'un de ceux qui encouragèrent mes débuts. Je n'oublierai jamais avec quelle bienveillance il m'accueillait dans son magnifique *studio* de la place Malesherbes, où sa belle tête, éclairée par la lumière multicolore des vitraux, luttait de blancheur avec le Christ en marbre, — auquel il ressemblait — et qui se détachait sur le fond sombre de l'orgue impressionnant et grandiose. Alors, le célèbre artiste rejetait son humble béret de velours noir, et, pour m'ouvrir les bras, quittait un instant sa plume d'oie et sa pipe de deux sous en terre blanchie.

Eh bien ! Gounod fut toujours « de son temps ». Il ne voulut pas se départir des règles qui l'avaient instruit : il demeura le disciple du génial Mozart. Il fut le charmant amoureux de la romance ; mais il fit parler le même langage à Marguerite, à Juliette, à Sapho ; il consentit à remplacer la mort de Mireille par un mariage et il nous priva de la « comédie musicale » qu'on pouvait attendre de lui, à défaut de l'œuvre forte, de haute signification, de grande audace...

Cependant, Verdi suivait l'évolution ; nous le voyons, dans ses trois manières, fournir trois étapes bien marquées, avec, par exemple : *Le Trouvère*, *Aïda*, *Falstaff*. On objectera peut-être qu'il réussit mieux dans sa première manière et que, de par son tempérament, il n'était véritablement le musicien que du *Trouvère*. Mais quel esprit généreux, quel amour du progrès chez un vieillard, quelle volonté ! Quel noble exemple !

Dès lors, à l'entêtement du musicien, du savant et du brave oncle Numa, je compare celui des gens qui viennent m'affirmer que « de leur temps », c'était bien mieux !

Entendons-nous : d'abord on ne nous parle que d'une élite parmi les chanteurs d'autrefois. On a soin de bien choisir ceux qu'on nous donne comme des exemples. Mais, à côté de ces exceptions, n'y avait-il pas, tout comme aujourd'hui, une foule de nullités qui faisaient considérablement baisser le niveau artistique ?

Et pense-t-on que, de nos jours, il n'existe pas une pléiade d'artistes dignes d'être, plus tard, avec le recul — ce bienfaisant recul qui met toutes choses au point — cités comme des modèles ?

C'est toujours la même histoire, allez! Tant que nos artistes vivront, on leur fera la leçon avec ceux d'autrefois. Quand ils auront disparu, c'est avec eux qu'on la fera à leurs successeurs.

❧

L'oncle Numa parlait souvent d'un opéra-comique qui l'avait particulièrement charmé, l'un de ces ouvrages « comme l'on n'en fait plus aujourd'hui », ajoutait-il, « plein d'esprit, de finesse et de grâce ». Ce souvenir était pour lui inséparable du plaisir qu'il avait éprouvé à entendre le ténor, principal interprète.

Plus tard, j'ai lu l'ouvrage : livret enfantin, d'une déconcertante platitude, musique quelconque, suite de morceaux qui eussent pu servir indistinctement pour une romance, une sérénade, un air bachique, ou un chant de victoire, une amusette, digne tout au plus d'une distribution de prix, dans un pensionnat de jeunes filles.

Quant au fameux ténor, je ne l'ai pas entendu; il ne chantait plus depuis longtemps. Il professait. Mais, un jour, j'eus le plaisir de lui être présenté. Je me réjouissais d'avoir avec lui quelques minutes d'entretien, dont j'espérais tirer un enseignement, et, de bonne foi, j'étais disposé à admirer, à mon tour, celui qui avait fait la joie de l'oncle Numa.

Je me trouvai devant un vieillard qui n'était pas musicien, qui n'avait qu'une organisation très médiocre, ignorait tout de la littérature, même le nom de nos plus notoires écrivains et qui était dépourvu de toute mentalité artistique, de toute notion sur le sens esthétique de notre profession, de toute idéalité.

Alors ?

Alors, je suis bien forcé de conclure que, « du temps » de l'oncle Numa, on était moins difficile que du nôtre !

❧

Mais le théâtre n'était-il pas plus facile et, surtout, plus fertile en effets vocaux? Ne veut-on pas nous parler de l'époque où les opéras étaient écrits avec la constante préoccupation de faire valoir les voix? De nos jours, le *même artiste* n'obtient-il pas beaucoup plus d'applaudissements dans un ouvrage ancien que dans une œuvre moderne? Ainsi, dans le premier

— 6 —

cas, ne lui décerne-t-on pas un diplôme de bon chanteur, qu'on lui refuse le lendemain?

Eh bien! c'est là qu'est toute la confusion.

Oui, le théâtre musical est devenu terriblement difficile. L'élite et une partie du public ne veulent plus des œuvres qui divertissaient nos pères. Ils ne s'intéressent plus aux formules banales, aux airs, aux cavatines, aux ariettes. Ils répudient les aimables compositeurs qui écrivaient sans troubler leur digestion et qui ne craignaient pas de faire mourir leur héroïne sur un air de mazurka.

Baudelaire disait déjà : « Ah! vous aimez les opéras qu'on peut commencer par le milieu!... A quel degré d'abjection faut-il que vous soyez tombé! »

Baudelaire, esprit chagrin, allait un peu loin, sans doute. Mais son idéal se réalise. Voici que l'on ne pourra plus faire, en quelques mois, un chanteur passable d'un cocher de fiacre. Il ne suffira plus de seriner à n'importe quel porteur d'eau les mélodies de n'importe quel opéra, de l'affubler d'un maillot et d'un pourpoint et de le pousser sur le théâtre où, jadis, avec une belle voix et un peu d'aplomb, il se fût peut-être tiré d'affaire et eût été, sans doute, acclamé par le public.

Car ce public qui crie à la faillite, c'est à lui qu'il faudrait reprocher toutes les décadences. Il encourage lui-même le « coup de gueule », pour me servir du terme consacré, et il n'apprécie pas toujours les choses d'art. C'est le public qui a refusé, d'abord, sa faveur — quitte ensuite à les adorer — à *Carmen* et à *Faust*. C'est le public qui avait repoussé, avant de les applaudir, les œuvres de Rameau, de Gluck, de Méhul. Le public est-il donc incapable de juger? Ne se guide-t-il que sur la réussite? Lui faut-il toujours l'intervention de l'élite qui proteste, infirme les jugements injustes et impose le succès?

Au cours d'une enquête de *Musica*, M. Reynaldo Hahn, qui est un remarquable chanteur, s'écriait : « Il n'y a pas à Paris cent personnes qui soient capables de faire la différence entre un bon et un mauvais chanteur, et, pour étrange que cela paraisse, les arbitres actuels de l'art vocal, ceux qui établissent et enrayent le succès des « artistes », ce sont encore quelques clubmen « très musiciens ». Si une chanteuse est jolie, accepte facilement à souper et va aux courses, on la déclare d'abord « intéressante », puis « très en progrès », puis, enfin, « vraiment étonnante ». Si un chanteur est capable de donner, deux fois par semaine, un *si* bémol à pleine voix, on considère que cela suffit. »

Donc, d'après M. Reynaldo Hahn, il n'y a pas, à Paris, cent personnes capables de juger un chanteur, et telles « étoiles » de nos théâtres lyriques ne s'aviseraient pas d'aller, sous un nom d'emprunt, *débuter* sur une scène de sous-préfecture. Au vingtième siècle! Dans la Ville-Lumière! Que pouvons-nous penser de la province et de l'étranger!

Dans l'une des plus grandes villes du monde, Caruso, qui a une voix merveilleuse, qu'il connaît et dont il se sert admirablement, était, comme toujours acclamé par les foules. Son répertoire comprenait *I Pagliacci*, de Leoncavallo, où il interprétait le rôle à grand effet de Canio. On sait que, dans cet ouvrage, Arlequin, personnage tenu par un second ténor, chante une sérénade *dans la coulisse*. Un soir, soit que l'Arlequin fût indisposé, soit par pure fantaisie, Caruso chanta la sérénade. Eh bien! personne ne reconnut le grand ténor; lui, qui venait d'être l'objet d'ovations enthousiastes *sur le théâtre*, n'obtint aucun applaudissement *dans la coulisse*. Caruso en tire une conclusion philosophique qu'il est facile de deviner.

Mais revenons à Paris et voyons la mentalité artistique du public le plus passionné de musique, de théâtre, de chant, celui des concours du Conservatoire. Dans la première année de ma carrière de professeur, j'ai assisté à l'une de ces séances. C'était encore dans la petite salle du faubourg Poissonnière.

J'y ai retrouvé le même public devant lequel j'avais concouru moi-même. Par-ci, par-là, certes! de nouvelles figures; mais l'esprit, le goût, les tendances de ce public étaient demeurés les mêmes.

Derrière moi, une grosse dame avait bruyamment installé son importante graisse dans un maigre fauteuil. Elle s'éventait, dépliait son programme, se penchait lourdement vers sa voisine pour lui communiquer ses impressions, lui donner quelques notes biographiques sur les concurrentes, à mesure qu'elles défilaient, exaltant la beauté de celle-ci, raillant la gaucherie de celle-là, assommant telle autre d'un mot. Elle paraissait au courant de tout, des petits potins et des grands, de la valeur des concurrentes, des intentions du jury, du choix des morceaux, des paroles, de la musique, de toute la musique.

Au milieu de la séance, nous avions eu la chance d'entendre quelques belles pages de Beethoven, de Gluck, de Haendel.

Ici, la grosse dame applaudissait faiblement, à coups d'éventail, sans enthousiasme, déclarant à tout propos qu'il faisait très chaud — prête à somnoler.

Tout d'un coup, sans avertissement, sans transition, perfidement, à la belle, pure et vigoureuse déclamation qui est la vérité, succéda le mensonge, la niaiserie d'un style sans expression, la pauvreté de vocalises sans musique. Une jeune concurrente, bien habillée, gracieuse et adroite, vint nous infliger cette vieille friperie dont j'ai déjà tant souffert, la valse du *Pardon de Ploërmel*, sans avoir même l'excuse de poser le bout de récit qui commence la scène, de lier les quelques sons qui composent le cantabile, ni seulement d'exécuter les gammes et vocalises qu'elle « filait » avec une ingénuité radieuse, remplaçant l'art véritable par du brio, du fla-fla, du trompe-l'œil.

Alors, la grosse dame s'agita, elle déplaça sa graisse qui vint déborder sur le dossier de mon fauteuil. Elle avait rejeté son éventail, elle applaudissait avec délire, en poussant de petits cris, des gloussements de poule en mal de poussins. Le public suivit ce gros exemple et ce furent des bravos sans fin.

— A la bonne heure! Vous voyez que la vieille musique fait toujours plaisir!

Or, ce morceau, si défraîchi, était l'un des plus jeunes du concours. Mais, pour la dame, il était plus facile à comprendre; la musique de Beethoven, de Gluck, de Haendel, pour elle inaccessible, et Wagner et l'École moderne, qu'elle rejetait de parti pris, tout ça, voyez-vous, c'était du « même sac ».

Ah! les temps sont lointains encore où le public consentira à marcher dans les chemins que lui ouvrent les artistes sincères.

⚜

Le grand grief que l'on fait à la musique moderne, c'est de supprimer le chanteur, de le reculer tout au moins au second plan. Ce n'est pas seulement l'amateur qui parle ainsi. Cette erreur est encore enracinée dans une partie du monde de l'enseignement. Un professeur, non des moins connus, se fait une joie de dire que « la musique moderne, c'est l'anéantissement des chanteurs », et il ajoute un peu brutalement sans doute : « Tout ça, c'est la faute à ce s...abot de Wagner! »

Eh bien! il n'est pas possible d'être à ce point aveugle — ou mieux, sourd : Anéantir le chanteur! Mais la musique moderne le rehausse, au contraire. Elle nous débarrasse de ce que la virtuosité avait d'insipide et met en valeur la déclamation. L'interprète devient un collaborateur. On a remplacé la vocalise par l'expression véridique. Le chant n'est plus un art à part : il est intimement lié à la musique. Dans la polyphonie de l'orchestre se trouve au premier plan le plus merveilleux des instruments : la voix humaine. Comment prétendre, comment imaginer que le chanteur soit sacrifié? Jamais, au contraire, on ne lui a demandé, comme aujourd'hui, un art aussi complet, une aussi grande sûreté d'émission, une unité aussi parfaite de la voix, une articulation aussi nette, pour ne parler que du mécanisme.

Quant au chant artistique, il est inutile de dire les proportions dans lesquelles s'est étendue l'interprétation des œuvres modernes.

⚜

Sur certains esprits pèse donc la routine de toute une tradition. Mais comment ne pas reconnaître qu'*une forme nouvelle* du Drame Musical s'est imposée?

La voici — union magnifique de la Symphonie et du Verbe — avec sa polyphonie intense, ses rythmes nouveaux, ses harmonies imprévues, sa savante instrumentation.

« Les temps sont accomplis! »

Le règne des cantilènes et des barcarolles est passé.

Nous rompons avec les traditions surannées, avec les formules banales. Nous sommes voués au chant rationnel et à la déclamation — à la déclamation juste.

C'est tout un bouleversement.

Et voici que tous les chanteurs sont obligés de connaître leur langue et la musique.

Un véritable bouleversement, vous dis-je.

❧

Mais si le public est responsable de mauvais goût, de renommées injustifiées, c'est peut-être qu'il ne fut jamais instruit.

L'effort des hommes raisonnables qui ne croient pas devoir garder pour eux ce qu'ils eurent quelque mal à acquérir doit se donner pour but cet avertissement.

A tenter de diffuser le goût du chant parmi le peuple, on goûte des surprises précieuses : d'abord, celle de s'apercevoir que, à Paris, par exemple, les jolies voix sont plus nombreuses qu'on ne le pense et plus répandu le goût de la musique.

Je parle d'expérience. Ayant pris l'initiative d'un cours gratuit à la Mairie du IXᵉ arrondissement, je n'ai pas tardé à y voir affluer un public délicieux, singulièrement plus assidu et plus attentif que les élèves officiels se destinant à la carrière du théâtre.

Ceux-là sont de modestes employés, de simples ouvrières que la musique charme et repose de pénibles labeurs.

Leur application rend aisée la tâche que je me suis donnée de diriger et de cultiver leur goût artistique. J'ai la joie de les détourner des productions ordinaires et de les initier aux belles œuvres, de les éloigner, parfois, du café-concert imbécile, d'en arracher quelques-uns au cabaret et peut-être à l'alcoolisme.

Il serait peu modeste, quant à moi, d'insister sur le bénéfice social de ces humbles essais; mais j'y trouve un argument de plus en faveur des idées que je m'efforce de préciser ici.

❧

Cette ignorance que nous reprochons au public, ne peut-on la reprocher, ou, du moins, ne fut-il pas un temps où on la pouvait reprocher aux chanteurs eux-mêmes : ignorance dans laquelle, du reste, ils se complaisaient.

Peut-on citer l'exemple de cette célèbre chanteuse qui devait créer un rôle dans un ouvrage tiré d'un drame de Victor Hugo? Un ami lui conseilla de lire ce drame et lui en offrit un exemplaire... dont elle ne coupa jamais les feuillets !

Vacquerie ne nous a-t-il pas conté la stupéfaction d'une grande cantatrice quand on lui apprit que *Rigoletto*, où elle triomphait depuis longtemps, était tiré d'un drame appelé *Le Roi s'amuse*?

S'est-on assez gaussé de la naïveté de ce brave ténor qui, devant débuter dans la *Juive*, en feuilletait la partition, et qui, prenant la date de la première représentation pour celle de l'action même de l'ouvrage, s'écriait : « Comment ? en 1835, on brûlait encore les Juifs dans des marmites ! »

Mais tout cela, c'était... « de mon temps ».

Nous n'en sommes plus à la marmite, ni même à la *Juive*...

La musique moderne ne fournit guère, nous dit-on, d'application pratique du *bel canto*. D'où l'on conclut sans effort, sans essayer d'en donner les raisons, qu'on ne sait plus chanter. Elle exige le chant rationnel, la déclamation : les interprètes n'y sont pas toujours préparés.

Le théâtre, la musique se transforment. D'où la confusion, les cris de « décadence », de « faillite », alors qu'il s'agit, seulement, d'une période de transition, d'un malentendu, et aussi de graves erreurs d'école — erreurs momentanées, espérons-le — et d'un mauvais vouloir, d'un entêtement à... l'ignorance.

Mais ce ne sont plus les mêmes que l'on acclamera. Le règne des phénomènes est passé. « Monsieur du Gosier » est détrôné. Prenons patience : les comédiens ont évolué ; les chanteurs feront comme les comédiens.

Voici où, dans toute son importance, dans sa véritable mission, apparaît l'*Enseignement*.

Le professeur ne doit pas seulement être un éducateur; il doit être aussi un initiateur.

Il ne doit pas se contenter d'instruire l'élève sur le mécanisme du chant, il doit l'initier à la Musique et aussi à la Littérature, lui inculquer le sens esthétique de sa profession, lui révéler l'âme de ses personnages, développer ses instincts artistiques, son idéalité.

☙

La science du chant n'est pas une science exacte, malgré les progrès de la laryngologie qui, en ces dernières années, l'ont éclairée d'une vive lumière.

Je ne crois pas qu'il existe une étude plus délicate que le travail de la voix, ni une responsabilité plus grande que celle du professeur. Rien de moins précis que cet art qui n'a pas de règles fixes, dont les principes généraux peuvent varier selon les aptitudes spéciales de chaque élève et qui nous oblige à rejeter ici ce que nous adoptons là.

La mission des professeurs est donc fort délicate et présente de graves difficultés. Parmi ceux-là — il faut bien le dire — combien en est-il que rien ne désignait pour ces fonctions ? Les professeurs qui « n'ont jamais chanté eux-mêmes », de combien d'intuition, d'intelligence, de goût, ne doivent-ils pas faire preuve pour remplacer l'indispensable pratique en un art qui demande tant d'expérience et qui cache tant de périls.

D'autre part, on objectera que d'illustres chanteurs, leur carrière terminée, n'ont pu faire que de médiocres professeurs. C'est sans doute qu'ils avaient dû leur succès, non à leur savoir, mais à une voix exceptionnelle.

Ou bien, alors, nous allons conclure qu'il faut un don naturel, une aptitude spéciale, que l'on naît professeur comme l'on naît avec des yeux trop petits ou un nez trop grand.

❧

Il est certain que l'insuffisance de données physiologiques a causé, jusqu'ici, de graves erreurs.

Il n'est pas rare d'entendre parler de la méthode de M. X... et du système de M. Z... Tel maître est élève lui-même du célèbre Y... dont il continue le procédé. La méthode italienne vient en concurrence avec la méthode française. Celui-ci fait chanter *fermé;* celui-là *ouvert.* Tel professeur exige la voix appuyée sur la *poitrine;* tel autre *dans la tête.* Ici, on préconise le son placé sur les dents; là on demande la voix *palatale.* « Souriez, mais souriez donc ! » dit l'un. — « Non, ouvrez, *en hauteur!* » s'écrie l'autre...

De là, une confusion inexprimable que les barbares expressions consacrées contribuent du reste à augmenter.

De toutes ces méthodes, pourrait-on dire, une seule devrait exister : la bonne.

La réponse est facile.

Elle serait juste ailleurs. Ici, il n'y a pas qu'une méthode : *il y a une méthode nouvelle avec chaque élève.*

Voilà précisément où réside la grande difficulté. Voilà où l'éducateur a besoin de toute son expérience, de toute sa délicatesse de touche, de toute la sûreté de son oreille, de toutes ses connaissances cliniques de la physiologie. Il est appelé à polir le diamant qu'on lui a confié.

Là, commence l'ère des responsabilités.

❧

Tout le monde est d'accord pour déplorer qu'un nombre considérable de belles voix se perdent... Mais on ne s'entend guère sur les raisons de ces désastres. Quelques esprits retardataires en accusent la musique moderne, et — naturellement — celle de Wagner, ignorant que, pour être un bon chanteur wagnérien, il suffit d'être *bon chanteur* « *tout court* », si je puis ainsi dire ; on oublie que, *plus que tout autre,* la musique de Wagner est féconde en mélodie et en *bel canto*; le tout est, pour le public, la possibilité d'y être accessible, et, pour les interprètes de bon goût, de les y découvrir. Dans les *Maîtres Chanteurs,* par exemple, ce *bel canto* prédomine, il se manifeste dans les phrases de Walther, de Sachs, de Pogner, et Beckmesser lui-même, dans sa sérénade, pourtant chantée en charge, peut en faire état.

Voici ce que dit Botey (*Maladies de la voix chez les chanteurs*) : « Ce sont des exécuteurs de voix, car ils écrivent des rôles comme ceux de Tristan et Yseult qui ne sont pas chantables, à moins de vouloir absolument sacrifier sa voix. Aujourd'hui l'élément symphonique s'impose de plus en plus, et l'orchestration bruyante, assourdissante, abasourdissante même, à jet continu, règne en souveraine dans les théâtres, au détriment de l'organe vocal et du public. »

Botey écrivait cela en 1899. Or, en 1723, Tosi, dans l'*Art du chant*, s'écriait déjà :

« Il se pourrait bien aussi que les idées extravagantes que l'on entend aujourd'hui dans un grand nombre de compositions fût (*sic*) la seule cause qui enlève aux chanteurs le moyen de joindre le cantabile à leurs connaissances, car les airs à la mode vont généralement à franc étrier et mettent les chanteurs dans une agitation si violente qu'ils en perdent la respiration et qu'ils se trouvent totalement privés des moyens de faire valoir toutes les finesses de leur intelligence. »

Répétons-nous : *Nil novi sub sole!*

On accuse, justement, l'alcool, le tabac, le surmenage, les maladies constitutionnelles ou accidentelles — plus justement encore, un mauvais enseignement...

Personne cependant ne songe à accuser ceux-là mêmes qui ont la chance d'avoir reçu en partage l'un des privilèges les plus précieux de la nature, une belle voix, et qui, jamais, n'arrivent à en tirer un parti quelconque. Ignorants, peu soucieux de s'instruire, et dépourvus du don, — qui remplace le savoir — ils se servent, sans en connaître l'usage, du charmant et si délicat, si fragile instrument, qu'ils ne peuvent manquer de détruire bien vite.

Ce sont les innombrables ratés. Ils se répandent ensuite dans Paris et dans la province et ils proclament l'impuissance d'une étude dont ils n'ont rien voulu tirer.

Combien de chanteurs doivent encore leur perte à leur propre imprudence, à leur façon de vivre, à une coupable insouciance de leur santé. Et, encore, et surtout, à de trop prompts débuts, sans que soient suffisantes les études préalables. Combien de débutants maîtres de leur voix? Combien peuvent chanter sans fatigue? Combien d'instruits sur la Musique, la Littérature, le Théâtre?

Un jour, M. Reynaldo Hahn s'étonnant que Mme Lilli Lehman n'eût jamais chanté : « *Perfide, parjure* », l'admirable cantatrice lui répondit : « Voilà dix-sept ans que je travaille ce morceau, que j'y pense sans cesse, que je m'en imprègne. Je crois pouvoir m'y risquer l'année prochaine ». Jeunes gens, jeunes gens, commentez ces paroles. Elles furent prononcées par l'une des plus grandes artistes de notre époque.

Il ne s'agit pas de défendre l'enseignement. On connaît les méfaits de certaines méthodes dont les principaux sont : l'appui de la voix *en gorge* qui est devenu comme la plaie actuelle, la manie de chanter *trop fort*, et le dédain de l'articulation.

Mais ici c'est encore le public qui est le coupable.

L'excellent ténor Saleza, au cours d'une longue interview, s'élevait contre la théorie qui veut « que l'on choisisse pour enseigner le chant une personne qui n'a point fourni une carrière théâtrale féconde et qui n'a point eu à affronter le public ».

Et M. Saleza expliquait :

« A un artiste qui a conquis — après quels efforts ! — un talent sûr et solide, qui s'est mesuré aux rôles les plus difficiles, qui a remporté des succès incontestables, qui a su discipliner, assouplir et développer sans cesse sa voix, qui connaît enfin toutes les exigences du chant, il semble qu'on préférera toujours, dans notre doux pays, pour enseigner le bel art vocal, un vague professeur, qui n'a jamais créé un rôle et abordé de front le public, qui ignore tout de la science du chant et qui n'est recommandable, en somme, le plus souvent, que par ses recommandations. J'affirme, moi, qu'un tel professeur, si érudit et si artiste qu'il soit, peut enseigner, sans doute, à ses élèves le style, le sentiment de la phrase musicale, développer leur goût et affiner leur sensibilité, mais *leur apprendre la voix*, JAMAIS ! Un acteur de métier, seul, peut donner à de jeunes acteurs les conseils et les enseignements salutaires. Allez, on ne sait pas le mal que font ces professeurs... platoniques, qui forcent bénévolement leurs élèves à enfler ou à diminuer le son, d'après des lois arbitraires, contraires aux nécessités physiologiques du chant. Je vous le répète : il faut avoir, soi-même, des années durant, travaillé sa voix, perfectionné son chant, pour oser transmettre à d'autres cette science précieuse que l'expérience, seule, fournit. Du moins, je pense ainsi.

« Voulez-vous une confirmation de cette opinion que je crois, pourtant, évidente par elle-même ? J'eus, comme professeur de chant, M***, auquel je dois beaucoup, et dont je garde un cher souvenir. Il m'a enseigné bien des choses excellentes. Mais, s'il m'a appris à chanter avec art, il ne m'a jamais enseigné l'art du chant. Vous comprenez la différence ? Pour ce qui est de la voix, il m'a fait, bien involontairement, un tort considérable. C'est qu'il n'était pas un chanteur de profession. Il me disait toujours : « Vous chantez trop fort ! » Il me conseillait bien de donner moins de voix, mais il était incapable de m'indiquer la manière, directement. Tant bien que mal, je m'efforçai de le satisfaire, en me fabriquant une seconde voix, si je puis dire, aux dépens de la vraie. Par exemple, il ne m'apprit point qu'un pianissimo doit reposer sur la voix, naturellement. Je l'ai su plus tard, bien plus tard, par moi-même... Un chanteur m'eût enseigné ces merveilleuses indications et m'eût évité bien des années de recherches et de peines. »

Et, pour donner une idée du tort que lui fit cet enseignement, le créateur, à Paris, de *Salammbô* ajoute que, après avoir chanté sans effort le grand air de *la Juive*, il ne pouvait, au bout de deux années d'études, terminer, sans quelque inquiétude, l'air de Pylade d'*Iphigénie en Tauride*. L'on sait la distance qu'il y a entre les deux morceaux.

❧

J'ai, parmi mes confrères, deux excellents amis, d'esprit cultivé, de tempéraments différents, avec lesquels j'aime raisonner de notre art. Par une longue carrière au théâtre et dans l'enseignement, par différents travaux, ils se firent connaître du public ; à cause de cela, nous appellerons l'un Alceste, si vous le voulez bien ; l'autre Philinte.

« — Si j'étais ministre de l'Instruction publique, nous disait un jour Alceste, je décréterais demain :

ARTICLE UNIQUE. Tout *individu*, exerçant ou désirant exercer le *métier* de professeur de chant, est tenu de se faire inscrire, dans les huit jours, à la mairie de son arrondissement et de se préparer à subir, devant un jury composé de sommités artistiques et scientifiques, un examen dont la date lui sera ultérieurement communiquée.

— N'allez-vous pas un peu loin, interrompit notre ami Philinte, et ne croyez-vous pas que cet examen, pour que le résultat en fût juste, offrirait de grandes difficultés? Ne vaudrait-il pas mieux avertir le public?

— Le public? Mais le public est trop difficile à instruire!

— Comment cela?

— Ne voyez-vous pas que Paris — pour parler de ce que nous avons sous les yeux — est peuplé de professeurs de chant que rien, entendez-vous, rien, ne désignait pour ces fonctions : ni une carrière préalable, ni les études spéciales auxquelles il est indispensable qu'on se soit livré avant d'enseigner aux autres ce qu'il est si difficile d'acquérir soi-même. Ces innombrables industriels se ruent au recrutement des élèves avec une audace véritablement stupéfiante. Ils flattent et séduisent leurs victimes par de fallacieuses promesses et les *bluffent* avec des méthodes extraordinaires. Combien de ces fruits secs de Conservatoires ou de scènes lyriques qui se sont glissés dans le corps enseignant et spéculent sur la naïveté du public ! On nous dit, avec candeur, qu'ils ont eu des succès... à l'étranger ou qu'une maladie arrêta leur carrière.

Mais le nombre de violoneux et de pianoteux que vous rencontrez là est inimaginable. N'en voyez-vous pas qui furent, pendant quelques mois, « accompagnateurs » chez un professeur de chant où ils apprirent à bégayer quelques expressions techniques — fausses, du reste — et qui n'ont rien trouvé de mieux — pour leurs intérêts — que de donner, à leur tour, des leçons?

Puis, arrive le professeur qui est élève d'un élève du fameux Spaghetti, la femme du professeur qui... — le mari de la chanteuse que... — la veuve du ténor dont... — la petite choriste qui est si musicienne... — l'ancien secrétaire de Tagliarini, dont il a recueilli les traditions — puis, la tante du compositeur, la nièce du librettiste, enfin celle qui porte un nom qui, à lui seul, est une garantie !...

Mais, en voici bien d'une autre : certains médecins auraient tenté d'enseigner le chant. La voilà, la méthode scientifique! Et il faut croire qu'ils ont découvert le secret de développer une organisation artistique en tirant tel muscle! Je les attends au muscle qui donne le style.

Et les professeurs étrangers! Tous les noms en *i*, en *o*, en *off*! Quelques-uns arrivent à la notoriété en faisant courir le bruit qu'ils ont formé telle cantatrice célèbre, parce que celle-ci a accepté, trois fois, chez eux, une invitation à venir prendre le thé.

Connaissez-vous la dame qui loue, à la journée, des automobiles et les fait stationner devant la porte de son hôtel, pour faire croire au public qu'il y a toujours chez elle une foule des plus *select?*

Et la maison où tout est si bien organisé que des rabatteurs vont à l'arrivée du train attendre les candidats chanteurs exotiques et, afin de ne point les laisser échapper, les placent dans des pensions de familles où ils les chambrent?

Il y a aussi ce bon industriel qui, à Londres, où il était *chemist*, a vendu trois boîtes de chlorate de potasse à Caruso et a pensé, dès lors, que ses relations pharmaceutiques avec le célèbre ténor l'autorisaient à traverser la Manche pour venir à Paris — à Paris naturellement! — professer le chant.

Puis cet étranger, richement installé, qui, de sa vie, n'a ouvert la bouche en public, qui ignore la musique, qui parle notre langue avec un accent des plus comiques, et auquel, de New-York, on envoie des élèves pour qu'il leur enseigne le *chant français!*

— Êtes-vous sûr de tout cela?

— Absolument sûr.

— Et ces gens-là ont des élèves?

— Parbleu! puisqu'ils continuent leur industrie!

— C'est inimaginable!... En France... A Paris!

— Oui, cela est. Il nous semble que si nous avions à travailler le chant, nous irions demander des leçons à l'un des artistes que nous avons entendus au théâtre, dont le genre de talent, par exemple, correspond à notre tempérament ou sur le succès duquel il n'y a pas de contestation. Encore, ne serait-on pas certain, n'est-ce pas? que celui-ci pût nous enseigner l'art dans lequel il réussit lui-même; mais, du moins, il y aurait là une chance qu'il est impossible de courir ailleurs. Eh bien! il est une multitude de gens à qui cette idée ne viendra pas! »

Alceste poursuivait :

« — Comment de tels individus, sans la moindre notion de physiologie, de musique, de théâtre, peuvent-ils porter un diagnostic sur la voix, le tempérament général, le caractère, l'intelligence de l'élève et le révéler à celui-ci? Car ce n'est pas à l'élève de se connaître, c'est au professeur à lui apprendre ce qu'il est réellement, et, de cela, tirer l'orientation de son enseignement physiologique et artistique. « Expérience passe science », proclament-ils. L'expérience, soit! Mais, seule, l'expérience basée sur la science! Ce n'est pas par la physiologie qu'on pourra *former* un grand chanteur; mais, par le malmenage physiologique, on arrivera sûrement à le *déformer*.

Vous connaissez l'aventure de notre « collègue », qui, faisant exécuter des « coups de glotte » à l'une de ses jeunes mutilées, s'attira cette question : « Qu'est-ce que la glotte? » et qui se vit obligé de répondre, en désignant vaguement le fond de la gorge : « C'est un petit morceau de chair... Ne vous occupez pas de cela! »

C'est simplement honteux.

Que de dons *naturels* demeurés sans culture ou irrémédiablement perdus par des méthodes *anti-naturelles*, des déformations dangereuses pour l'individu — et pour la Société.

Et toujours le bon public se laisse prendre à la renommée de soi-disant Maîtres, ignorants et défenseurs de l'ignorance, ennemis du savoir, envieux des esprits cultivés, grands prêtres de la routine obscure!

Allons! arrachons ces masques derrière lesquels s'abritent les traditions, le mauvais vouloir, la paresse, la perfidie et l'empirisme!
Il est temps de le dire, de le crier : voilà la grande cause de la raréfaction des voix.

— Voilà *l'une* des *nombreuses* causes, rectifia Philinte.

— Oui, je sais, les élèves sont *généralement* recrutés parmi des jeunes gens sans aucune culture, pour lesquels l'art est difficilement accessible, car ils ont *tout* à apprendre. Le mal est plus grand encore, car ils ne sont nullement convaincus que, pour *apprendre*, on n'a pas trouvé, jusqu'ici, de meilleur moyen que de *travailler*. La plupart se livrent, avant tout, à un concours de paresse — et, aussi, de vanité. Voilà, parmi tant d'autres, la réforme à proposer : modifier les mœurs des chanteurs, les habituer... au travail.

Aujourd'hui, au Conservatoire, les élèves trouvent que la classe de solfège, à neuf heures du matin, les oblige à se lever trop tôt, que deux airs et un duo à apprendre, en un trimestre, les contraignent à un surmenage forcené. Dès qu'ils sont admis à concourir, on leur offre, pour un concert, des cachets importants qu'ils acceptent avec dédain. Ils sont, en général, âgés de vingt-cinq ans et plus. N'en avons-nous pas connu qui avaient vingt-neuf ans? Rien ne les émeut. Ils ont tout le temps d'arriver à la gloire.

De « notre temps », était-ce mieux? Sans doute, ce n'était pas mieux. C'était autrement.

Les cachets étaient rares, et plusieurs d'entre nous se contentaient de moins. Nous avons connu un établissement — dont R... et D... n'ont peut-être pas perdu le souvenir, et où l'on s'en allait, sous des noms d'emprunt, chanter le samedi soir, le dimanche en matinée et le dimanche soir, pour un cachet *global* — comme disait le tenancier — de quinze francs.

Ah! combien nous étions ambitieux d'apprendre. Nous faisions tout pour cela. Rappelle-toi, Philinte : Avant neuf heures du matin, nous arrivions au Conservatoire. Nous n'y manquions aucune classe. Outre les leçons générales de chant, de solfège, d'ensemble, nous suivions le cours de déclamation dramatique, spécialement affectée aux chanteurs, que professait notre admirable Régnier. Ce cours n'était pas obligatoire, et dès lors, nous nous y trouvions les seuls chanteurs (car ce dédain de tout ce qui n'est pas *la voix* ne date pas d'hier). Cela nous offrait l'occasion d'avoir la réplique des élèves de Got et de Worms, qu'attiraient la vive lumière de ce rare enseignement et qui s'empressaient aux conseils de Régnier. C'est ainsi que nous furent révélés Molière et Beaumarchais, en compagnie de

Mlles S. W., R. B., M. B. et B. C. et d'autres jolies personnes — t'en souviens-tu ? — d'Albert Lambert, de Berr, des plus notoires comédiens et comédiennes d'aujourd'hui.

Nous suivions aussi la classe de « maintien » professée par le danseur Petitpas, (!) qui nous enguirlandait bien quelques gestes, mais qui nous apprenait à nous tenir sur nos jambes; la classe d'escrime où l'on s'habituait à tirer l'épée (pour le théâtre et... pour le pré) ; l'assouplissement que nous en recevions nous réchauffait durant ces froids matins. Comme il faisait tout aussi froid, l'après-midi, nous passions quelques heures à la bibliothèque du Conservatoire (bien peu de nos élèves, aujourd'hui, savent où elle est située), puis, au cours de Littérature Dramatique fait par Lapommeraye — où nous rencontrions beaucoup de comédiens — enfin, au cours d'Histoire de la Musique — où nous rencontrions peu de chanteurs — et qui, déjà, était professé par le regretté Bourgault-Ducoudray, si attendri lorsque nous avons mis sous ses yeux deux cahiers de notes prises, il y avait alors vingt ans, et conservées depuis.

C'est ainsi que l'on s'imprégnait de musique, de littérature, de théâtre, que l'on ne vivait que pour son art, que l'on y ramenait tous ses efforts toutes ses pensées, tous ses espoirs. On était toujours appliqué à essayer un son, trouver une belle sonorité, — grave problème — à chercher une intonation, bousculant les passants dans la rue d'un geste qui échappait, jetant l'effroi parmi les vieilles dames, dans les omnibus, laissant au second plan la solution difficile d'un autre problème si souvent inquiétant : le déjeuner du lendemain... »

... Ainsi parla Alceste.

Brusquement, il s'arrêta. Il allait tomber dans le travers de l'oncle Numa...

❧

Je me suis toujours étonné de cette anomalie : tandis que l'étude des différentes sciences a été coordonnée dans les grandes universités, on n'a jamais songé — du moins n'a-t-on jamais rien fait dans cet ordre d'idées — à réunir, ni même à rapprocher les différentes écoles d'art.

Ne pense-t-on pas qu'un simple groupement amènerait une plus grande perfection ?

Dans une institution où seraient réunis tous les arts, l'élève trouverait, en même temps que la technique propre à ses études, une culture intellectuelle beaucoup plus large, une plus grande corrélation dans l'esthétique ; et, avec un stimulant des dons innés, la comparaison, ou, mieux, le rapport des arts entre eux. Plus qu'ailleurs, il pourrait développer les facultés fondamentales de tout artiste : sensibilité, compréhension, amour du Beau et du Juste, horreur du convenu, mépris de la majorité imbécile, dédain de la médisance, courage, persévérance, foi.

Le rôle social de l'artiste n'est-il pas de fleurir la triste humanité et aussi

— 18 —

d'instruire le public, de le pousser vers la vérité, de l'initier à l'amour du Beau, de former son goût, et non de le flatter ?

Sa culture générale doit se composer de tout ce qui peut lui faire connaître, pressentir la Beauté dans *tous* les arts, former son esprit et son cœur, lui donner la connaissance des belles œuvres, des beaux monuments, des beaux pays. Il compléterait cette formule par la lecture approfondie des ouvrages d'artistes et de poètes et aussi de philosophes, d'historiens, par tout ce qui donne la réflexion, la Pensée. Il arriverait alors à cet état d'âme spécial qui consiste à ramener toutes belles choses à son art, à reconnaître la grandeur, la simplicité là où elles se trouvent réellement, à dégager de la poésie là où d'autres passent indifférents... tout ce qui fait qu'on existe, enfin.

C'est précisément ce défaut de culture générale qu'on peut le plus reprocher à certains de nos artistes modernes.

Que de peintres, de sculpteurs « font bien le morceau » ! Que de comédiens débitent habilement le couplet ! Que de chanteurs exécutent finement la phrase musicale ! Chez la plupart manque l'élément principal : la Pensée et ce qui en dérive, sans doute, ce qui tient lieu de tout : l'Émotion.

Cette Université pourrait être une admirable institution. On y réunirait les différentes écoles — on rendrait obligatoires pour chacune certains cours des autres — on instituerait une classe d'esthétique commune à tous les arts. Il y aurait la fréquentation générale de ces futurs artistes — l'exemple, (combien favorable aux chanteurs, l'exemple du travail) les conversations, les échanges d'impressions et d'idées : *l'ambiance*.

Mais à quoi bon s'abuser ?... De telles réalisations sont impossibles. Quelle voix serait assez puissante pour se faire entendre des pires sourds?... Ce n'est, ici, que rêverie d'un modeste joueur de flûte, d'un humble professeur, qui sait combien sa mission consiste, souvent, à ... prêcher dans le désert.

⁂

... Rien n'arrête l'éclosion lyrique. Ni l'encombrement, ni la difficulté d'une carrière ardue, ni l'absence du don, ni la disgrâce d'un physique inesthétique, ni l'opposition des familles, ni la perspective de la lutte, des déceptions, de la misère.

A travers quel prisme regarde-t-on la vie du théâtre ? C'est la carrière à laquelle chacun se reconnaît des aptitudes. A ce point qu'il existe à Paris, parmi les gens du monde, toute une troupe lyrique, de quoi remplir les cadres d'un théâtre de premiers sujets — de premiers sujets seulement, car, pour les emplois secondaires, personne ne consentirait à les tenir. On couvre d'applaudissements ces chanteurs que l'on égale aux plus grands. On les encense, et le seul reproche qu'on leur adresse, c'est de laisser perdre pour le théâtre leur incomparable talent.

Il n'arrivera jamais à un jeune homme, indécis sur la profession à choisir, de se réveiller un matin en disant : « Je suis peintre, ou sculpteur, ou littérateur. » (Ce sont vocations qui se manifestent de meilleure heure.) Mais combien, se sentant peu de goût pour la finance ou le commerce, persuadés que l'intelligence suffit et qu'ils en sont, Dieu merci! largement nantis, songeront au théâtre! Pour peu qu'en *grattant* sur le larynx, ils arrivent à en tirer deux malheureux sons, voilà des candidats chanteurs de plus, de futurs dévoyés, des ratés. N'allez pas vous imaginer qu'ils auront, un seul instant, l'idée de l'échec possible. Ils ne penseront pas à tous les cadavres qui jonchent le champ de bataille.

Oh! combien faut-il, au cours d'une année scolaire, en décourager, et par là même, se faire d'irréconciliables ennemis!

— Mademoiselle, je vous conseille vivement de ne pas songer à une carrière si décevante et illusoire.

— Mais j'en connais pour qui elle fut une source de succès et de fortune.

— Certes! Et si vous étiez sûre d'être parmi celles-là...

— Pourtant on me reconnaît assez douée...

— Je ne dis pas non — mais il faut tant d'autres choses...

— Oh! il y a bien des artistes à Paris qui ont des défauts.

— J'en conviens.

— Ainsi, Mlle Chose n'est nullement comédienne et elle appartient au théâtre de...

— Oui, mais elle est si jolie...

— ???

— Je ne dis pas que vous soyez laide. Mais... peut-être... un peu petite et un peu... forte, et... lorsque vous approcherez la trentaine...

— Et Mlle Machin, qui pèse 96 kilogs !

— C'est juste. Mais elle a une voix magnifique!

— La mienne peut devenir belle et je vaudrai toujours mieux que Mlle Truc qui n'en a pas du tout et qui chante au théâtre de... »

Que répondre à cela? On reconduit la jeune fille, qui, dès lors, vous a voué une irréductible haine et qui va chez un autre professeur chercher les encouragements qu'on lui a refusés.

❧

Alceste nous rapporte cette conversation que, journellement, il échange avec le public :

— Quelle est votre méthode? Êtes-vous pour la méthode italienne ou pour la méthode française ?

— Je n'ai pas de méthode. Je les ai toutes. J'ai une méthode particulière pour chaque élève. Le professeur n'est ni un inventeur, ni un créateur. Il n'est qu'un guide. Sa mission consiste à révéler des qualités, à réformer des défauts, à conseiller l'élève, selon son tempérament naturel. Comme il n'y a pas deux élèves qui se ressemblent, il ne peut y avoir deux méthodes pareilles.

— Mais n'y a-t-il pas des principes immuables, des règles qui doivent être observées pour tous ?

— Oui, et vous touchez précisément un point capital. Oui, il y a des principes immuables et ce sont ceux-là que l'on oublie, ou que l'on ignore. Ce sont ceux-là qui font l'objet de toutes les querelles, de toutes les erreurs, de tous les dommages.

— Quelles sont donc ces règles ?

— Oh ! bien simples, si simples que vous allez les comprendre du premier coup et demeurerez stupéfié qu'elles soient si peu ou si mal appliquées. Je les simplifie encore et vous livre en deux minutes le fruit de longues observations. D'abord, la respiration : élément principal. Pouvons-nous faire mieux que de respirer selon la nature, et même selon notre nature, d'appliquer la nature à l'art, en amplifiant et en complétant, s'il le faut, pour l'usage *artistique*, la respiration *naturelle* ? Ensuite la phonation : une simple coordonnance de nos muscles vocaux, un équilibre entre la poussée d'air et la résistance du larynx et des cavités de résonance, une « attitude » particulière aux diverses tessitures, un « appareillement » général, une émission libre avec une recherche d'*unité* et de *portée*, tant dans les sons *forte* que dans les sons *piano* que nous pourrons aisément percevoir car nous aurons acquis la faculté de *transporter* notre oreille au fond de la salle, enfin, une articulation nette, appliquée aux voyelles et aux consonnes, qui posera la voix et la doublera. Nous tâcherons d'obtenir ce résultat sans effort. J'ajoute même que nous ne l'obtiendrons qu'en évitant l'effort...

— C'est tout ?

— C'est tout pour la partie mécanique. Est-ce simple ?

— Mon Dieu... oui ; mais je soupçonne que ce doit être impossible sans la surveillance incessante d'un professeur.

— En effet... car le professeur substitue son oreille d'artiste à l'oreille inexpérimentée de l'élève.

— Mais puisque vous préconisez l'absence de tout effort, dites-moi pourquoi l'on voit tant d'élèves...

— Parce que les élèves veulent presque tous chanter, non avec la voix qu'ils ont, mais avec celle qu'ils désireraient avoir, qu'ils s'imaginent qu'il faudrait qu'ils eussent, bref, celle qu'ils n'ont pas.

— Le même défaut se remarque chez plusieurs de nos artistes.

— C'est que ceux-là, semblables au dîneur qui croit avoir bien mangé lorsque sa digestion est laborieuse, jugent de la valeur d'un son à l'effort qu'il leur coûte. Ils sont persuadés, comme une partie du public, que le chant est un tour de *force*. Lorsque le chanteur, avec mille efforts apparents, atteint une note élevée, qu'il donne l'impression d'un acrobate téméraire, il est couvert de bravos.

Si, au contraire, il se dérobe à l'ampleur pour user d'habiles *ficelles* de métier, il est récompensé de son adressse par les applaudissements.

Eh bien ! l'un et l'autre se trompent et trompent le public.

Mme Viardot contait à M. de Curzon, de qui nous tenons l'anecdote, que, pendant une saison italienne, elle logeait dans le même hôtel que Tamberlick, célèbre par son ut « de poitrine ». De sa chambre, la grande cantatrice entendait le fameux ténor exercer sa voix et donner dix, quinze, vingt fois de suite, avec la plus grande facilité, la terrible note qui faisait sa gloire et qui, le soir, devant le public, semblait lui coûter un effort, exiger une dépense énorme d'énergie et donnait l'impression d'une véritable acrobatie.

Et, comme elle faisait part de son étonnement à Tamberlick, celui-ci confessa : « Cette dépense d'énergie est feinte. Si je donnais ma note sans difficulté visible, le public ne s'apercevrait pas que c'est là, enfin, l'ut qu'il attend, et... je n'aurais aucun succès ! »

Malgré son réel talent et sa voix extraordinaire, Tamberlick avait cru nécessaire de *tromper* le public.

Il n'est de bons chanteurs que ceux qui, par une large inspiration et une sûre distribution de leur souffle, une « attitude » générale, une articulation parfaite ne révèlent aucun effort, peuvent, dans le plein et libre épanouissement de leur fonction, prendre confiance en eux et faire *partager* cette confiance au public.

Et voilà, peut-être, une leçon de chant.

... Mais n'anticipons pas :

Le chant théatral comprend l'étude de deux éléments distincts, et, néanmoins, inséparables :

1^u *La partie technique* : mécanisme du chant, travail du clavier vocal, étude appliquée aux moyens de réaliser les autres éléments, c'est-à-dire d'assurer les attitudes vocales qui permettront à l'artiste de rendre, sans souci matériel, la juste expression ressentie par lui : Le chant mécanique :

2° *La partie intellectuelle*, si vous voulez, ou travail propre à développer la mentalité de l'élève, à éclairer son goût musical et littéraire, à l'initier aux *styles*, à lui révéler la psychologie de ses personnages, l'emploi des accents, des valeurs, des couleurs. Enfin l'étude scénique, ou scénologique, ou scénographique, ou callisthénique, comme on voudra l'appeler, c'est-à-dire celle des mouvements extérieurs qui servent à donner l'apparence physique des personnages, à obtenir la vérité... disons l'*illusion* théâtrale ; l'attitude, le geste, la physionomie : Le chant artistique.

Programme aussi varié que copieux, exigeant, même des mieux doués, une volonté plus grande qu'on ne se plaît à l'imaginer.

Dès lors, mettons-nous au travail.

DEUXIÈME PARTIE

Le Chant mécanique

LE CHANT MÉCANIQUE

L'ÉDUCATION DE L'OREILLE

« Ce que l'on sait le moins, c'est le commencement. »

Pour enseigner le chant, on s'adresse d'abord à l'oreille. Avant l'instrument vocal, l'instrument auditif. Pour exprimer, il faut d'abord éprouver. Pour chanter, il faut d'abord entendre.

Les sourds-muets ne sont muets que parce qu'ils sont sourds. L'enfant n'apprend à parler que par la reproduction de ce qu'il entend. Si un accident le rend sourd, il perd peu à peu l'usage de la parole.

Le fonctionnement de l'appareil phonateur est donc étroitement lié à celui de l'appareil auditeur.

Songeons, d'abord, à l'éducation de l'oreille.

L'oreille peut entendre trois sortes de sons : les bruits, la parole, les vibrations musicales.

Les bruits sont produits par des vibrations continues, irrégulières, non périodiques.

La parole par des vibrations discontinues et irrégulières.

Les vibrations musicales par des vibrations continues, régulières, périodiques.

Seules, les qualités d'un son musical nous intéressent. Les voici :

La durée : un son n'est pas instantané; sa production *dure* pendant un temps plus ou moins long : Si, par exemple, on prononce successivement et très rapidement les voyelles I, E, A, on peut constater que I dure 9/54 de seconde, E 2/54, A 4/54.

L'intensité fait qu'un son est perçu plus ou moins fort à une distance plus ou moins grande. L'intensité dépend : 1° *des dimensions du corps sonore* (le son d'une cloche a plus d'intensité que celui d'une corde, aussi renforce-t-on le son d'une corde de violon par la caisse de l'instrument) ; 2° *de l'amplitude des vibrations* (l'intensité est proportionnelle au carré de l'amplitude) ; 3° *du milieu ambiant* (les sons se propagent moins dans l'air comprimé, les liquides, les solides que dans l'atmosphère) ; 4° *de la distance* (l'intensité du son perçu est en raison inverse du carré de la distance à laquelle on se trouve du corps sonore).

4

La hauteur est la tonalité plus ou moins élevée dans la gamme musicale. La hauteur dépend du nombre de vibrations produites en une seconde. Pour classer les sons d'après leurs hauteurs, il fallait convenir d'un point de comparaison : en France, on rapporte les vibrations musicales au diapason donnant 435 vibrations doubles à la seconde ; c'est la note dénommée *la normal*, ou *la*[3].

Le timbre, ou caractère du son, formé par les sons harmoniques qui se produisent en même temps que le son fondamental.

Tous les sons se divisent en audibles et inaudibles : les audibles se divisent en non musicaux et musicaux. Une gamme est une série de sept sons qui se distinguent entre eux par le nombre de leurs vibrations.

En partant de la gamme 3 qui contient le *la*[3] normal, chaque gamme a son numéro de classement au-dessus ou au-dessous de trois — au-dessous de 1, les indices sont négatifs.

On mesure la hauteur du son, c'est-à-dire le nombre de vibrations à la seconde, soit directement (méthode graphique), soit par l'unisson avec un corps sonore dont on connaît le nombre de vibrations (sirène, diapason).

« Le son se propage par des vibrations de l'air et non par des transports d'air. Il se réfléchit (écho, acoustique des salles) et se réfracte comme la lumière.

La vitesse du son dans l'air est 333 mètres par seconde, environ.

La vitesse d'un vent qui renverserait les édifices les plus solides serait de 50 mètres environ à la seconde »[1].

De ce qui précède, nous concluons que l'amplitude des vibrations fait l'intensité du son ; leur vitesse, sa hauteur. Inutile de s'attarder à ces deux qualités que tout le monde perçoit naturellement. Il n'en va pas de même pour la plus importante de toutes : *le timbre*, qui donne au son sa particularité, qui individualise la voix ; curieuse impression, sensation étrange d'où se dégage, si l'on peut dire, la nuance, la teinte, le coloris.

Étudions le timbre.

Les découvertes de Helmholtz, contredites ensuite, suscitèrent de nombreux travaux sur le phénomène du son. Ces travaux ont opéré dans l'étude de l'acoustique une véritable révolution. Ils intéressent non seulement la physique, mais encore l'esthétique, et appartiennent au domaine de l'art, autant qu'à celui de la science.

On formula que le son doit être considéré comme un mode particulier des mouvements moléculaires ; et, de cette formule, on tira naturellement des conséquences que les mathématiques n'avaient pu préciser. On découvrit le secret du *timbre* ; on décomposa le son le plus complexe ; on établit que, dans la nature, il n'y a point de notes simples et que ses bruits sont tous des accords. On démontra comment l'oreille humaine analyse les perceptions sonores et de quelle façon des impressions multiples y déterminent

1. Dr Marage.

l'unité de la sensation ; enfin, une à une, de l'analyse même des sons sortirent les lois complexes, jusqu'alors tout empiriques, de l'harmonie. « Ainsi agrandie, l'acoustique n'est plus cette science aride et banale dont les rudiments se trouvent encore exposés sans art dans les traités de physique[1]. »

S'il était besoin de preuves pour faire comprendre que la matière n'est point continue, mais qu'elle est composée de parties, il suffirait de citer le phénomène du son. Dans un corps sonore, qu'il soit solide, liquide ou gazeux, toutes les molécules se déplacent et entrent en vibration. Nous avons vu que, si ces mouvements sont confus, de durée ou d'intensité inégales, on n'entend qu'un *bruit*, s'ils sont rythmiques, et, pendant quelque temps, semblables à eux-mêmes, on perçoit un *son*.

Tout le problème, pour nous, doit se poser dans la manière de percevoir ce *son* et d'en dégager le timbre.

Prenez une corde de piano, par exemple, accordée à une certaine note, que nous nommerons *son fondamental* ; frappez cette corde, et bientôt, outre la note fondamentale, une oreille fine ou exercée saisira la résonance de plusieurs autres notes, plus élevées et plus faibles, sorte de complément sonore qui composera comme un accord lointain, formé par un ensemble de notes *harmoniques*.

Ce sont ces harmoniques qui donnent le timbre.

Dans les instruments à cordes, elles sont plus faciles à saisir que dans les instruments à vent, surtout dans l'instrument par excellence, la voix humaine, la plus riche, pourtant, en harmoniques.

Nous n'avons pas l'habitude de telles analyses. Le son de la voix humaine nous paraît si naturel, nous sommes tellement accoutumés à l'entendre, que notre esprit se refuse à ce travail… indispensable au chanteur.

Le Dr Castex, à « l'oreille de Denys », à Syracuse, pendant que le custode faisait l'accord parfait majeur, entendit la tierce au-dessus de la note la plus haute.

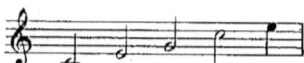

Mais tout le monde n'est pas également accessible à cette perception ; car c'est là une qualité spéciale, nullement en rapport avec la finesse ordinaire de l'audition.

Il existe, sans qu'on y puisse rien corriger, une inégalité native entre les individus.

Quelques-uns, avec l'ouïe la meilleure du monde, seraient incapables de distinguer un ton d'un autre, une note basse d'une note élevée. Ni traitement

1. A. Laugel.

médical, ni méthodes, ni exercices ne peuvent remédier à de pareils cas. C'est ce qui s'appelle *n'avoir pas l'oreille musicale*.

D'autres, au contraire, atteints d'un affaiblissement de l'ouïe, ne percevant que fort peu la conversation usuelle, gardent cependant la faculté de reconnaître et de classer les sons d'un instrument, d'un orchestre, d'une voix. On cite un répétiteur de l'ancien Théâtre-Italien qui, atteint de surdité très prononcée, ne laissait passer aucune fausse note. C'est ce qui s'appelle *avoir l'oreille musicale*.

Il est à peu près démontré, sinon définitivement établi, qu'il y a, anatomiquement, d'immenses différences de richesse dans l'appareil de perception auditive, c'est-à-dire dans l'oreille interne chargée de transmettre au cerveau les sons qui frappent le tympan.

L'oreille interne, chez les vertébrés, présente en effet, en une de ses parties, *la cochlée*, une membrane striée composée de la juxtaposition d'une infinité de cordes parallèles de dimensions variables et croissantes, c'est-à-dire susceptibles de s'accorder avec une série de sons ; ces cordes très petites, qui ne vibreraient donc qu'à l'unisson des sons très aigus, sont surmontées d'une double rangée de cellules formant au-dessus d'elles un véritable arceau, lequel, en surchargeant les cordes, les rend aptes à vibrer à l'unisson de sons très graves relativement à leurs dimensions, comme la sourdine fait pour les cordes du violon. L'ensemble de ce long instrument à cordes s'appelle *l'organe de Corti* ; les cordes sont les *stries de Hansen* ou *cordes de Nuel* ; les cellules qui les surchargent sont les *cellules de Corti* ; ces dernières ont pour destination, non seulement de modérer et de régler la vibration des cordes, mais encore de la recevoir et de la transmettre aux nerfs qui y aboutissent et qui apportent au *centre cérébral* l'impression reçue.

Cette harpe éolienne en miniature, que constitue l'ensemble de l'organe de Corti, peut comprendre jusqu'à 6000 cordes de Nuel. Comme les sons musicaux comprennent sept octaves, les sons de chaque octave sont susceptibles de faire vibrer 800 cordes et comme chaque octave comprend douze demi-tons, plus de 66 cordes vibrent pour chaque demi-ton de telle sorte qu'une oreille bien constituée devrait percevoir une différence de 1/66 de demi-ton, ce qui correspond presque exactement à la réalité, puisque, suivant Weber, une oreille musicale exercée peut percevoir expérimentalement jusqu'à 1/64 de demi-ton.

Nous sommes donc munis d'un appareil de perception d'une finesse et d'une sensibilité extrêmes, nous permettant de saisir, non seulement le son fondamental, mais les harmoniques, c'est-à-dire ces vibrations secondaires qui sont au son principal comme 1 est à 2, 3, 4, 5, c'est-à-dire qui sont avec ce son dans une proportion mathématique, par conséquent harmonieuse.

Si tous les sujets possédaient cet appareil tel que nous le décrivons, il est certain que tous seraient susceptibles de recevoir une éducation musicale parfaite et que la plupart, à moins de vices de conformation du larynx ou des cavités de résonance, pourraient devenir de bons chanteurs.

Malheureusement, les inégalités sont grandes en ce qui concerne cet organe de perception musicale ; elles peuvent varier du simple au double, ce qui explique trop nettement certaines incompréhensions musicales irréductibles, comme tout professeur de musique ou de chant en rencontre trop souvent.

Or, si l'oreille ne perçoit pas, l'appareil d'émission ne peut pas se perfectionner. La voix n'est d'abord, nous l'avons dit, qu'un acte réflexe instinctif, qui fait que l'être reproduit, ou cherche à reproduire, le son musical qu'il perçoit ; s'il ne perçoit pas le son, il ne peut pas le reproduire. L'éducation de la voix n'est que la mise en œuvre, l'exercice méthodique et raisonné de l'acte réflexe primitif ; là où l'acte réflexe fait défaut, soit par une paralysie de la perception, soit par une paralysie de l'organe d'émission, l'éducation ne peut rien. De même qu'il faut de bonnes cavités de résonance naturelles pour avoir une belle voix, de même une belle voix ne peut apparaître que chez celui qui possède une audition parfaite et raffinée, le perfectionnement n'étant possible que grâce à de bons organes.

Il serait cependant inexact de penser et de dire que tout individu pourvu d'une oreille musicale soit susceptible par cela même de devenir un bon chanteur. Il est d'ailleurs d'observation courante que d'excellents pianistes, violonistes, chefs d'orchestre, ne peuvent arriver à bien chanter, même à chanter juste.

❧

A ce propos, il importe, ici, de signaler une nuance, d'établir une classification entre l'oreille *musicale* et l'oreille *vocale*, si j'ose dire ; entre la faculté d'apprécier une belle œuvre, de la différencier d'une production ordinaire, d'en sentir les moindres nuances et les moindres défauts — d'être un musicien, enfin, et la faculté, toute différente, de saisir une belle sonorité, de dégager une modulation, de reconnaître une jolie inflexion de la voix, de posséder le sens de la belle émission, autrement dit, des bonnes *attitudes* vocales et, par instinct, d'adapter tout cela à sa propre voix, — d'être un virtuose.

Ces deux qualités ne sont pas contradictoires, tant s'en faut ; mais il n'est pas très fréquent qu'elles se trouvent réunies chez le même artiste.

La nature a réparti ses dons : aux uns, la musicalité ; aux autres, les belles sonorités.

Ce que nulle grammaire ne peut indiquer, ce que les méthodes sont impuissantes à démontrer, peut être saisi par un élève doué.

Là où le professeur use, sans succès, ses démonstrations, l'oreille triomphe.

Le don supplée au savoir.

❧

Car il s'agit, vous l'avez compris, de faire *entendre* à l'élève, parmi les différentes sonorités qu'il emploie, celle qui est la bonne — du moins celle

— 29 —

qui, par rapport à sa construction anatomique personnelle est capable de donner les meilleurs résultats; il faut, en un mot, lui faire saisir le timbre qui, en même temps qu'il supprimera l'effort, décuplera l'effet, le timbre qui charmera l'auditeur. C'est l'oreille qui facilitera le sens du chant; par instinct, par induction, par imitation, l'élève exécutera les mouvements propres au résultat qu'il cherche.

Les rôles seront alors renversés : c'est l'effet qui amènera la cause.

Voilà, dira-t-on, qui est purement du domaine d'une organisation spéciale. Les hommes les plus doués au point de vue de l'intelligence pourraient être fort incapables de saisir cette fine nuance.

C'est vrai.

Ce qui est vrai aussi, c'est que cette faculté peut être donnée aux êtres les plus simples.

J'ai toujours le souvenir d'un ouvrier peintre, qui travaillait chez moi et... qui chantait.

Pour commencer, à peine indiquait-il la mélodie et son articulation était confuse. Mais comme on ne lui faisait aucune observation, il s'enhardit : « Une étoile d'amour, une étoile d'ivresse » disait la banale romance.

Peu à peu, de la pièce voisine, j'entendis sa voix monter, se préciser, se moduler, et je constatai chez ce simple un goût véritable, un sens réel de la jolie émission, en même temps qu'un instinct surprenant de la diction.

Je me gardai bien d'aller le complimenter. Il m'eût demandé, peut-être, des leçons... et pourquoi ouvrir des horizons nouveaux, incertains, devant un homme content de son sort?

Cet épisode me rappelle la petite histoire, où il s'agit aussi d'un ouvrier peintre et que racontait Gounod, avec beaucoup plus d'esprit que je n'en mettrai à la transcrire. Elle date de l'époque où le célèbre musicien s'installa place Malesherbes : « J'étais logé dans l'appartement avant que les derniers travaux fussent terminés et j'étais très impatient de voir partir les ouvriers. Les peintres, surtout, n'en finissaient pas. L'un d'eux, croyant m'être agréable, sans doute, accompagnait les mouvements de son pinceau, en chantant un motif de *Faust:* « Anges purs, anges radieux ! » Il m'empêchait de travailler, d'autant plus qu'il avait pris si lentement, qu'à la fin j'en fus agacé, et, comme j'entr'ouvrais la porte de la pièce où il se trouvait, je m'aperçus que son pinceau suivait paresseusement le rythme de son chant. Le misérable ! Il retardait non seulement la résurrection de Marguerite, mais aussi la fin des travaux! — « Que chantez-vous là, mon garçon? — C'est un morceau de *Faust.* — « Vous savez que j'en suis l'auteur. — Je le sais bien, M'sieu Gounod. — Alors, « vous voudrez bien permettre à l'auteur de vous donner les bons mouvements. » Et me voilà, pour l'entraîner, chantant avec lui. Il saisit bien vite; mais, si le mouvement du chant était accéléré, celui du pinceau restait le même; alors, lui prenant la main, je le guidai moi-même, un instant, en lui faisant suivre le rythme de la phrase : « Allez-y, mon garçon, allez-y ! Comme ça votre bras « battra la mesure ! »

« Et le soir même », ajoutait Gounod, en prenant, avec amour, une prise de tabac, « le soir même, les peintures étaient achevées. »

Mais revenons à notre sujet.

L'oreille est ce bizarre petit appareil que nous avons décrit dont l'extérieur n'est qu'un simple porte-voix, dont tout le secret est au dedans. Elle jouit de cette merveilleuse propriété de reconnaître, dans un son qui frappe ses parois, les ondes particulières qui composent ce son. L'onde totale est perçue à l'extrémité de l'appareil, où l'oreille en décompose les sons.

Le clavier nerveux est considérablement plus riche que les claviers ordinaires ; ceux-ci n'ont que quatre-vingt-quatre notes, tandis que l'oreille en a des milliers. Aussi, avec quelle merveilleuse facilité elle peut saisir les plus extrêmes délicatesses d'un son ! N'avons-nous pas, grâce à cette finesse, la faculté de reconnaître les personnes sans les voir, rien qu'au son de leur voix ? Ne peut-on pas, à certaines particularités, deviner le sexe, l'âge, la nationalité d'un individu ? L'émotion de la voix humaine n'a-t-elle pas sur nous une puissance irrésistible ? Tel orateur entraînera son auditoire par un discours dont une simple lecture accuserait la médiocrité. Telle comédie que nous avons lue sans éprouver la moindre émotion, nous tirera les larmes lorsque nous irons l'entendre au théâtre, mise en valeur par des comédiens. Il y a là, évidemment, une part qu'on doit attribuer à la diction même, mais plus encore au charme de la voix humaine sur notre oreille ; ce charme est, peut-on dire, communicatif.

Que de fois ai-je entendu, en Italie notamment, où le public est, plus qu'ailleurs, sensible à la beauté du son, des chanteurs applaudis à la fin d'un morceau qu'ils n'avaient pas toujours rendu avec une irréprochable justesse d'intonations, mais où ils avaient déployé toutes les séductions d'un organe riche. Au Conservatoire, l'un de mes camarades de classe était, en chantant une jolie phrase, à ce point ému par le timbre de sa propre voix, que ses yeux s'emplissaient de larmes. Et, plus tard, à l'Opéra-Comique, l'un de nos collègues disait, modestement, à qui voulait l'entendre : « Ma voix ne charme pas que le public, elle charme aussi mon oreille. *Je me fais plaisir à moi-même !* » Or, c'était fort juste.

Cela me rappelle ces deux élèves, disparus depuis, qui étonnaient leurs camarades par l'étalage de leurs qualités vocales, et qui, se rencontrant dans la cour du Conservatoire, s'abordaient ainsi : « Mon cher, j'ai travaillé ce matin : ma voix est si belle que c'est du miel dans mon oreille ! » — « La mienne est si puissante qu'elle m'étouffe !.. »

... Nous avons donc à notre disposition le plus sensible des mécanismes. Efforçons-nous à éduquer une oreille saine et normalement constituée, à développer un entendement musical et vocal.

Cette étude devant avoir pour résultat d'aplanir toutes les difficultés du mécanisme et de diminuer la durée des études est la première dont le chanteur doit se préoccuper. C'est elle qui ouvrira à l'élève des horizons artistiques sans bornes... De l'oreille, on peut tout attendre : sans elle, *rien.*

LES ORGANES PHONATEURS

La voix est étroitement liée à la structure physique d'un sujet, à l'hérédité, à l'anatomie, à l'ethnologie.

Oui, à l'ethnologie : les races d'individus dont les cavités du crâne sont mal développées, ont des voix à résonance défectueuse. La similitude du timbre dans les familles est expliquée par la similitude des cavités, soit que ces cavités soient naturelles, soit que, par imitation, il y ait, parmi les parents, similitude des notions d'*attitudes* qui contribuent à donner leurs formes aux cavités. Le langage influe sur la qualité de la voix, le climat sur son développement. Les peuples latins sont, à cet égard, singulièrement favorisés : leur langage contient des voyelles sonores, et, sous le soleil, ils chantent en plein air, s'exerçant ainsi, sans y penser, à amplifier, à timbrer des sons. Tout le monde sait que l'Italie regorge de belles voix. « Ils n'en ont pas en Angleterre [1]... »

Malgré les progrès récemment accomplis, la physiologie — de l'aveu même des spécialistes — est remplie encore d'obscurités.

Ayons donc recours à l'anatomie, à l'anthropologie, laquelle sans doute, est philosophique, mais fournit des données précises, positives, scientifiques. Elle répond aux sujets qui viennent de la nature. Elle apprend les origines des choses naturelles et les découvre jusqu'à ce que nous tenons pour surnaturel. Avec elle, nous nous rions des engouements et des parti pris, car elle est soucieuse de l'immuable Vérité.

Or, avec les dernières données anatomiques, c'est-à-dire de *dissection*, on aurait les matériaux pour ériger une sorte de *statuaire* du *chanteur*, qui ne serait autre, en la fouillant bien, que la *statuaire humaine*. La statuaire du chanteur est la statuaire idéale.

[1] Le célèbre théâtre de Covent-Garden fut, depuis sa création, occupé par des troupes italiennes (Royal Italian Opera), jusqu'en 1889, où il devint une scène franco-italienne; quelques années plus tard, on y introduisit des représentations allemandes, mais faute d'interprètes, toutes les tentatives échouèrent par lesquelles on essaya d'y introniser la langue nationale...

C'est dire que le chant est un attribut suprême de l'homme, résultat indirect de la station bipède, comme, peut-être, l'intelligence elle-même.

L'anatomie du chanteur consiste dans la corrélation organique mettant en concordance le développement de l'appareil phonateur avec la croissance totale du système musculaire dont il fait partie, système déjà établi sous la dépendance de l'équilibre originel ou artificiel du squelette.

Mais remontons... au déluge — et même un peu plus haut. Au règne des êtres muets, des animaux aquatiques, succède le règne des animaux terrestres, des reptiles qui sifflent, des oiseaux qui chantent. Pour s'adapter à la respiration aérienne, les branchies des poissons deviennent les arcs branchiaux, forment le tuyau où l'air pénètre, le larynx et les bronches d'où bourgeonnent, en s'accroissant petit à petit, les poumons. En même temps, — et ce fait est considérable dans l'histoire des êtres animés — les femelles ne déposent plus leurs œufs au hasard, dans un milieu favorable à leur vie, comme l'eau de mer, sur le trajet des mâles fécondateurs. Dans le milieu aérien terrestre, ces œufs auraient trop de chance d'être détruits. Pour la conservation de l'espèce — loi primordiale — il faut qu'ils demeurent à l'abri dans le corps du procréateur. Les êtres commencent à s'accoupler : le mâle, aux époques du rut, ne trouvant plus sur son passage le ban de frai où il déposait sa semence, se lamente, appelle la femelle ; la femelle va vers la voix la plus forte, la plus belle, la concurrence entre les mâles s'établit qui donne naissance au chant — chant d'amour. Le mâle le plus puissant a la plus belle voix ; car son appel se fait plus impérieux, son larynx se développe, son thorax s'élargit. Voilà créé le type mâle à la poitrine puissante, à la voix grave, et, du même coup, voilà lié, dans la série des êtres, le rapport nécessaire entre le sexe et la voix, d'après lequel les obèses peu sexués ont une voix inattendue d'un timbre aigu, qui détermine ce fait si curieux du développement subit du larynx chez le mâle à l'époque de la puberté, produisant les discordances de la mue, qui permet de créer, par une opération, paradoxale en apparence, les castrats à voix féminine de la Chapelle Sixtine, qui explique enfin l'émotion voluptueuse, si souvent impérieuse, sur la femme, de la voix masculine du chanteur...

❧

Comme il est regrettable que les artistes vivent éloignés des hommes de science. Les lois de la nature embrassent tout : l'art, lui-même, ce « fils de la fantaisie ».

...Mais, je voudrais, avant tout, rassurer le lecteur. Qu'il ne redoute ici ni l'ennui d'une pesante érudition, ni la nécessité d'un effort d'attention trop soutenu. Je n'ai pas l'intention de l'assommer de latin. Il ne trouvera dans ce chapitre que des éléments absolument indispensables, tout juste ce qu'il est nécessaire de connaître pour nous aider dans notre travail et aussi pour écarter les dangereuses erreurs qui ont cours relativement à la formation des chanteurs. Ne tentons pas de nous improviser physiologistes; les ouvrages techniques ne sont pas rares; j'y renvoie ceux qui désireraient pousser plus avant leurs études.

N'est-ce pas, du reste, à des chanteurs que nous devons les premières recherches physiologiques et le laryngoscope, l'instrument même qui permit de faire pénétrer le regard dans l'organe phonateur? Manuel Garcia fut, en effet, le premier qui se livra à l'étude de l'autolaryngoscopie. L'appareil fut ensuite modifié par Battaille et Segond, deux chanteurs doublés de médecins... Dès lors, les études sur la phonation se multiplièrent, la lumière se fit et voici que l'on commence à dégager des données précises.

Quelques amateurs pensent qu'il est inutile, pour bien chanter, d'étudier la physiologie des organes phonateurs et qu'il est superflu de faire intervenir la science dans un art qui semble presque exclusivement d'intuition.

Ce sont des esprits retardataires. De ce qu'une science n'a pas dit encore son dernier mot, il ne s'ensuit pas qu'on doive la rejeter. Si les connaissances anatomiques ne font pas les bons chanteurs, l'ignorance peut en faire de mauvais. Ne faut-il pas, au moins, qu'on sache, à peu près, comment est construit l'instrument dont on se sert?

Le docteur Nuvoli, de Milan, a constaté, dans sa pratique, que nombre d'artistes n'avaient aucune notion de l'organe auquel ils devaient leur réputation; il ajoute qu'il a vu quantité de chanteurs qui fussent arrivés à la gloire, s'ils n'avaient été instruits par des maîtres dont la méthode était purement empirique [1]. N'est-ce pas Duprez qui affirmait : « Il n'est pas plus besoin au chanteur pour chanter de connaître l'anatomie de la voix qu'au poète pour faire des vers la physiologie cérébrale. » Obin disait toujours : « Vous n'avez pas plus à vous occuper des organes de la voix que la danseuse ne s'inquiète des muscles qu'elle met en mouvement, lorsqu'elle exécute un pas ». Mais Obin, qui fut un grand artiste et un professeur énergique, était « du temps » de l'oncle Numa et sa théorie ne serait pas digne de notre époque.

Et puis... et puis, la mentalité des chanteurs, leur esprit, leurs mœurs nous permettent de suspecter toujours un peu leur sincérité. On a le droit de penser, lorsqu'on a vécu dans le monde des théâtres, qu'il suffit que tel artiste en vogue émette une opinion pour que son rival — ou celui qui croit être son rival — se déclare immédiatement de l'avis contraire. C'était assez que Battaille se fût livré à de précieuses études physiologiques pour que Obin en proclamât l'inanité.

De nos jours, cette opinion est plus répandue encore qu'on ne l'imagine. Et voilà l'incurable état d'esprit qu'on généralise : un exemple de paresse, le désir de fermer aux autres ce que l'on n'a pas eu soi-même le courage de connaître et de savoir.

Je suis renseigné. Plusieurs artistes m'ont confessé qu'ils avaient tra-

[1] Combien d'autres dont la voix « malmenée » eût été sauvée par un enseignement éclairé.

vaillé *d'intuition*, sans s'occuper jamais de leur instrument et qu'ils étaient demeurés dans cette ignorance jusqu'au jour où les fatigues du théâtre, des accidents, des maladies, les avaient forcés à consulter un médecin; que, là — là seulement — ils s'étaient familiarisés avec le nom et la fonction des organes dont ils se servaient depuis longtemps et s'étaient rendu compte de leurs erreurs physiologiques. Eh bien! c'est tout simplement stupéfiant. Cette indifférence, d'abord, est admirable, — et où la nature fut plus admirable encore, ce fut en douant ces chanteurs de telles voix qu'elles pouvaient se passer de tout... jusqu'au jour où le « malmenage vocal », selon l'expression de M. le Dr Castex, les conduisait chez le bon médecin...

Les illustres Rubini et Nourrit n'avaient, paraîtrait-il, sur l'appareil vocal, que des idées très vagues. C'est peut-être vrai; mais des notions précises pouvaient-elles leur nuire? Ils avaient eu la chance de naître doués de maîtresses qualités artistiques et aussi d'une anatomie spéciale. De telles exceptions ne doivent pas nous servir d'exemples et ne peuvent que confirmer la règle propre à tous les talents moyens. Ces merveilleux artistes brillèrent d'un éclat particulier; mais, en raison même de leur rareté, ils ne firent pas monter le niveau artistique. Considérons-les comme des phénomènes — des phénomènes « de leur temps ». Surtout ne les imitons pas.

Il est au moins inutile de perpétuer des méthodes empiriques qui sont cause de tant de maux; avec les actuelles connaissances, on abrégera la période du travail mécanique et l'on se consacrera longuement aux études artistiques que notre époque exige plus complètes. Pourquoi tâtonner quand la science peut éclairer notre route? La machine vocale se gouverne par la volonté. Il en faut connaître les rouages et le fonctionnement normal.

Ceux qui jugent superflu d'encombrer le bagage de l'élève ne pourront nier, toutefois, que les professeurs avisés ont besoin d'être instruits avec soin de tout ce qui constitue l'appareil vocal, des modifications qu'il subit dans les différentes phases de la phonation, de ce qu'il en faut craindre, de ce qu'on peut lui demander. En un mot, ils doivent connaître les moindres causes des moindres effets.

Se confierait-on à un médecin que l'on saurait ignorer l'anatomie et la physiologie? Est-il plus raisonnable de se livrer à un professeur non instruit des lois naturelles qui gouvernent les délicats organes vocaux? Comment le maître pourra-t-il combattre les imperfections et les défauts de la voix, s'il ignore où se trouve le siège du mal?

Ne doit-il pas, avant tout, connaître les lois qui régissent la voix au point de vue physiologique et acoustique?

Car il n'est pas douteux que l'ignorance de ces notions ne soit la cause de nombreuses maladies.

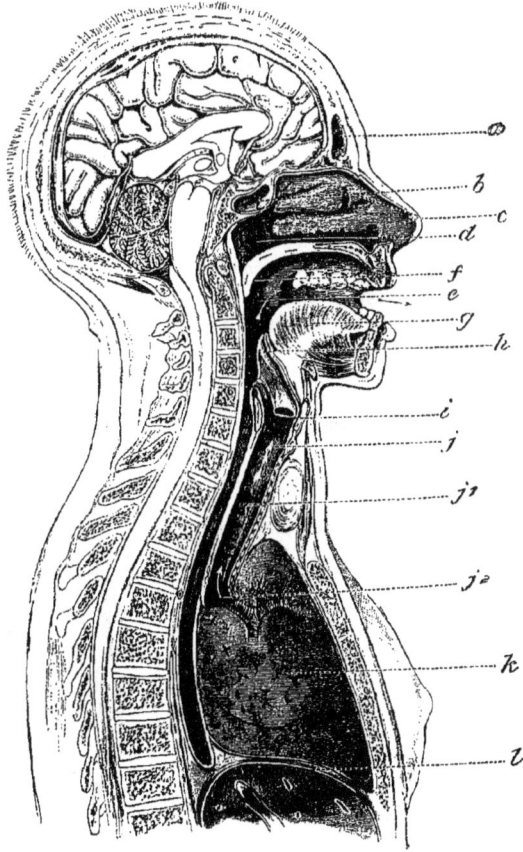

Fig. 1.

a. Sinus frontal.
b. Sinus sphénoïdal.
c. Méats nasaux, supérieur moyen et inférieur.
d. Orifice de la trompe d'Eustache.
e. Pharynx.
g. Langue.

h. Epiglotte.
i. Corde vocale.
j, j¹, j². Truchée (le canal placé derrière est l'œsophage).
k. Poumon.
l. Foie et coupe du diaphragme.

LA SOUFFLERIE

Il semble puéril, aujourd'hui, d'entreprendre la description des organes phonateurs. Mais le sujet est plus difficile à traiter qu'il ne paraît l'être et la multiplicité des controverses l'entoure en outre d'obscurité.

Comparons, pour aller très vite, l'appareil vocal à un instrument à vent.

1º Les *poumons* sont la soufflerie.

2º Le *larynx* est l'appareil vibrant.

3º Le *pharynx*, buccal et nasal, représente la caisse de résonance.

Si nous prenons, comme comparaison, un orgue, nous aurons :

1º La soufflerie qui correspond aux poumons.

2º Les anches qui correspondent au larynx.

3º Les tuyaux qui correspondent à la tête.

De même, pour le violon : l'archet est le moteur ; la corde, le vibrateur ; la caisse, le résonnateur.

Si vous l'aimez mieux, jouons de la clarinette : le poumon est le porte-vent ; le larynx est l'anche qui produit le son ; le pharynx est le pavillon qui le modifie.

Étudions la soufflerie :

Deux mouvements : l'inspiration, l'expiration.

Disons, en passant, que dans la respiration *naturelle*, lorsqu'on ne respire que pour vivre, l'inspiration est à peine plus courte que l'expiration.

Dans la respiration *artistique*, au contraire, lorsqu'on respire pour chanter, l'inspiration est rapide et l'expiration doit pouvoir

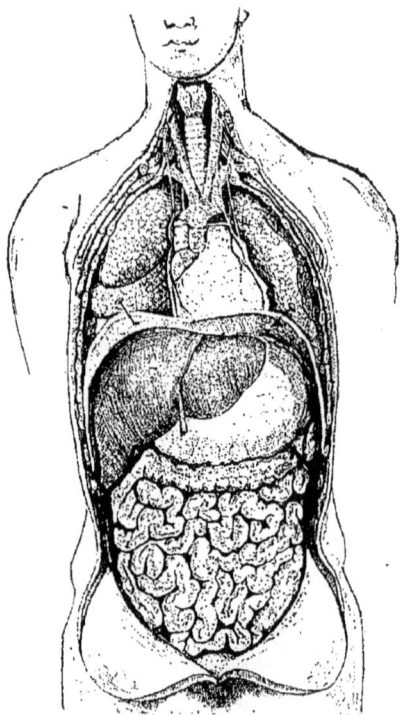

Fig. 2.

se prolonger selon la phrase musicale, en tenant compte des occlusions produites par les voyelles.

Faut-il indiquer que l'air aspiré traverse le larynx, pénètre dans la trachée, qui se divise en bronches dont le rôle est d'amener cet air aux poumons ? Que le tronc humain est divisé en deux parties : la poitrine en haut, en bas l'abdomen, et que ces parties sont complètement séparées par une sorte de cloison aponévro-musculaire, nommée le *diaphragme* ?

Nous avons donc, pour ce qui concerne la *soufflerie*, à connaître le diaphragme, les poumons, les bronches et la trachée.

Le *diaphragme* forme une voûte, dont la convexité est tournée vers le haut. Il s'insère aux côtes inférieures. Lorsqu'il s'abaisse, il redresse sa courbure en refoulant les organes contenus dans l'abdomen (l'estomac, l'intestin, le foie, la rate, la vessie) et il augmente la capacité de la poitrine, où les poumons peuvent alors se dilater, de toute la différence de niveau. *Les poumons*, il est à peine besoin de le dire, emmagasinent l'air qui leur est envoyé de l'extérieur, par la trachée et les bronches. De forme conique, la base correspondant à la partie inférieure de la poitrine et le sommet à l'origine du cou, en arrière de la clavicule ; ils sont comme une sorte d'éponge qui, au lieu de s'imbiber d'eau, s'emplirait d'air. Ils reçoivent l'oxygène et rejettent l'acide carbonique. Mais ne nous occupons pas des fonctions vitales qui consistent essentiellement en un échange de gaz entre le sang et l'air ; le premier cède les matières excrémentielles qu'il contient et reçoit en retour de l'oxygène frais.

La respiration *artistique*, seule, nous doit intéresser.

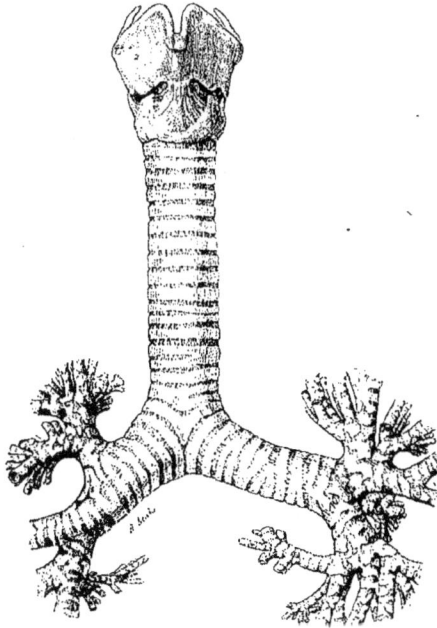

Fig 3[1].

DÉTAIL. — LE LARYNX, LA TRACHÉE ET LES GROSSES BRONCHES, VUS PAR LEUR FACE ANTÉRIEURE.
(L'angle de bifurcation de la trachée est beaucoup trop ouvert.)

Les *bronches* relient les poumons à la *trachée* dont elles sont comme des subdivisions.

Enfin, la *trachée* est un tube placé en avant du cou et descendant directement du larynx, auquel il est lié, dans la poitrine où il se ramifie en *bronches*.

Derrière la trachée, en contact avec elle, descend un autre tube : l'œsophage, qui, lui, traverse le diaphragme pour conduire les aliments de la bouche à l'estomac. Ses parois, purement membraneuses, ne s'écartent que pour le passage du bol alimentaire.

---

[1] Les figures 3, 5, 6, 7, 8, 9, 10, 11 et 12 sont, avec l'autorisation de MM. Masson et Cie, extraits du *Traité d'anatomie Humaine*, de Poirier et Charpy.

La trachée, au contraire, est béante ; sa charpente étant formée par des anneaux de cartilage assez rigides pour ne pas se joindre sans une compression et assez élastiques pour reprendre leur écartement lorsqu'ils ont été serrés ; ces anneaux sont réunis entre eux par une membrane.

La trachée, remarquons ceci, est donc susceptible de subir, passagèrement, de légères modifications de forme, de longueur et de diamètre. Elle est tapissée par une membrane muqueuse, recouverte de *cils vibratiles*, toujours en mouvement, qui protègent le poumon, en rejetant, vers la bouche, les poussières de l'air et les mucosités.

Voilà donc les organes qui nous servent à inspirer et expirer l'air pour vivre, le larynx étant ouvert et détendu. Lorsque nous expirons pour chanter, nous contractons les muscles du thorax et l'air, passant sur les bords vibrants du larynx, les met en branle et produit la phonation.

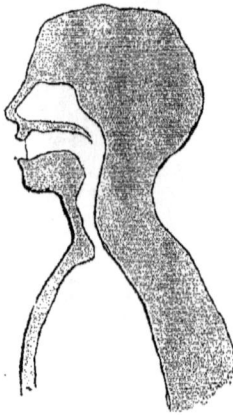

Fig. 4.

Cette petite leçon rappelle un peu celles que prend, avec une conviction si bouffonne, l'illustre M. Jourdain. Mais elle est, à dessein, dépourvue de démonstrations savantes et ramenée à la simplicité.

LES VIBRATEURS

Étudions maintenant la phonation et commençons par l'appareil vibrant.

Le *larynx*, essentiellement mobile, non seulement dans son ensemble, mais dans ses parties diverses, qui se déplacent en glissant, pour ainsi dire, les unes sur les autres avec le concours des muscles, dans des mouvements de bascule très variés. Ce bizarre appareil, ce merveilleux petit instrument est d'une construction très compliquée et il est indispensable de le décrire avec quelque soin.

Le larynx est formé de différentes pièces cartilagineuses, auxquelles est annexé un osselet et aussi de membranes, de muscles et de nerfs.

1° Le *cartilage cricoïde*, qui en est la base, forme un cercle ininterrompu, beaucoup plus

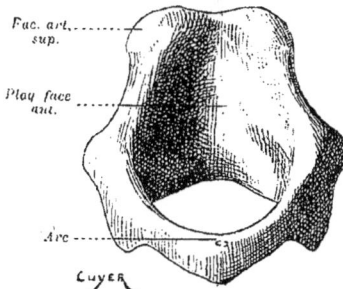

Fig. 5. — LE CARTILAGE CRICOÏDE.
Vu par devant et d'en haut.

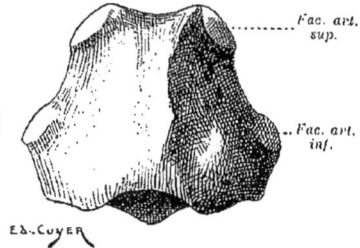

Fig. 6. — LE CARTILAGE CRICOÏDE.
Face postérieure.

élevé en arrière qu'en avant. Il est lié, dans sa région antérieure, au cartilage thyroïde, — placé au-dessus — par une membrane. Dans sa région postérieure, il supporte les deux cartilage aryténoïdes avec lesquels il s'articule.

2° Le *cartilage thyroïde* enveloppe et protège tout le larynx; il a vaguement la forme d'un bouclier avec une protubérance en avant, la *pomme d'Adam*.

Il forme un cercle interrompu à l'arrière. Nous venons de voir que son bord inférieur est relié au cricoïde par une membrane; c'est aussi par une membrane que son bord supérieur est uni, en avant, à l'os hyoïde. En arrière, il se termine par deux cornes, en haut, et deux cornes en bas. Les cornes d'en haut sont reliées par un ligament à l'os hyoïde; par les cornes d'en bas, le thyroïde s'articule avec le cricoïde. La membrane crico-thyroïdienne, c'est-à-dire celle qui relie le cricoïde au thyroïde, se prête à rapprocher et éloigner alternativement ces deux cartilages sous l'action d'un muscle spécial, ce qui aide les mouvements des replis membraneux servant à la phonation.

Un faisceau musculaire — dont on verra plus loin la très grande importance, le muscle *thyro-aryténoïdien* — s'étend de l'angle rentrant du cartilage thyroïde jusqu'au cartilage

aryténoïde. Ces fibres ont une disposition compliquée; les unes sont attachées à l'aryténoïde; d'autres, au thyroïde; d'autres encore aux replis vocaux mêmes. Du reste, ce muscle
est en réalité attaché à ces replis tout le long de son parcours.

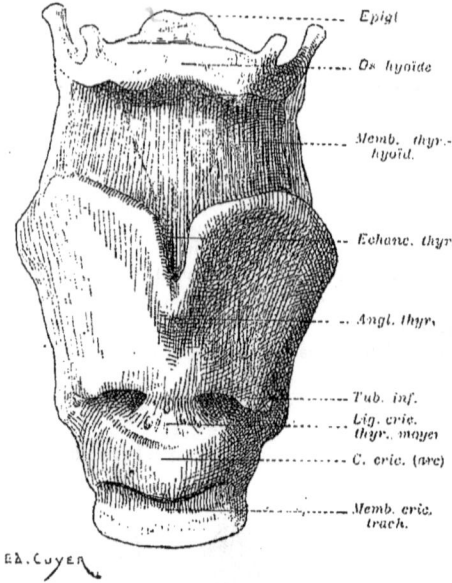

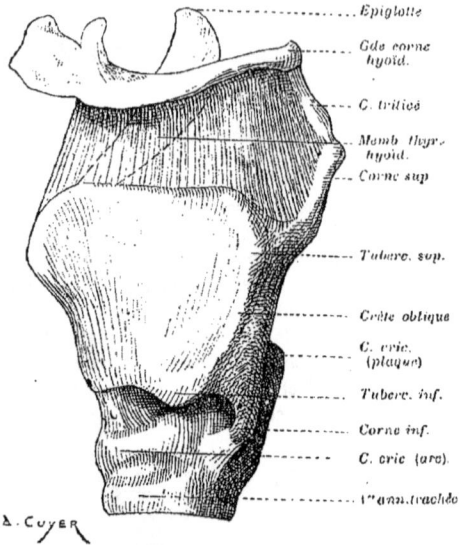

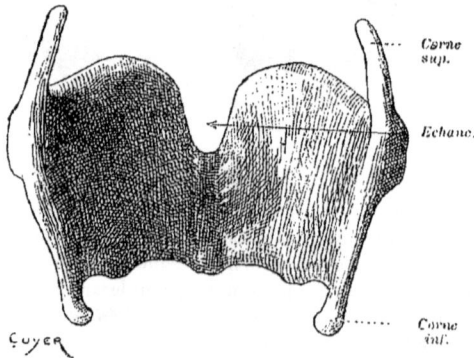

Fig. 7. — LE CARTILAGE THYROÏDE.
Vue antérieure.

Fig. 8. — LE CARTILAGE THYROÏDE.
Face latérale.

Fig. 9. — LE CARTILAGE THYROÏDE.
Face postérieure.

3° Les *cartilages aryténoïdes*, au nombre de deux.

Ils ont la forme d'une pyramide triangulaire dont la base creuse repose à cheval sur le
bord postérieur du cricoïde présentant une jambe qui fait saillie du larynx et une autre qui
pend en dehors. A la jambe intralaryngée s'insère la corde vocale.

4° Les *cartilages de Santorini*, qui surmontent la pyramide des aryténoïdes.

5° L'*épiglotte*, en arrière de la langue et au-dessus du larynx, qu'elle est chargée de protéger contre l'intrusion des matières étrangères et qu'elle ferme complètement, ainsi qu'un couvercle, pendant la déglutition, au passage des aliments dans l'œsophage.

6º Enfin, l'osselet est représenté par l'*os hyoïde*, qui a la forme d'un croissant dont la

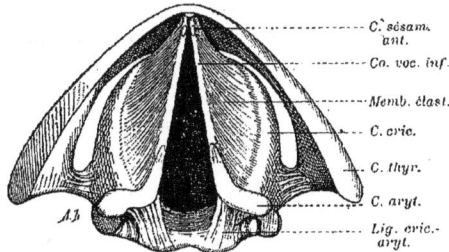

Fig . 10. — Segment inférieur de la membrane élastique du larynx. Vu d'en haut (d'après Luschka).

convexité est en avant. Il est lié par son bord inférieur au cartilage thyroïde ; son bord supérieur s'unit aux premiers muscles de la langue, ce qui explique que les médecins, examinant un malade, lui tirent la langue pour faire remonter le larynx qui se reflétera mieux,

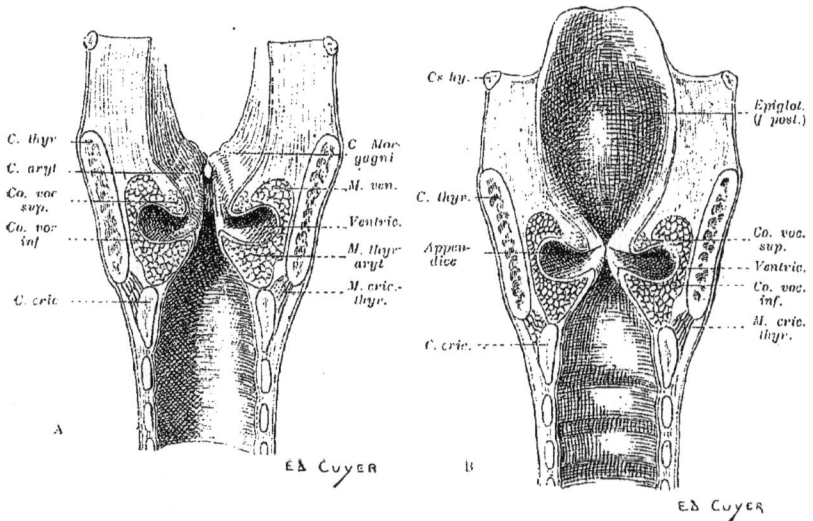

Fig. 11.   Fig. 12.

Coupe frontale d'un larynx durci dans l'alcool.
(Fig. 11 : Segment postérieur. — Fig. 12 : Segment antérieur).

ainsi, dans le miroir. Ajoutons qu'on donne le nom de glotte à l'espace compris entre les cordes vocales, ou, si l'on aime mieux, à l'ensemble de la fente du larynx.

Voyons maintenant les *cordes vocales*, aussi mal dénommées que possible, car elles n'ont nullement la forme de cordes. Ce mot ferait songer aux cordes d'un violon, attachées seulement à leur extrémité et libres sur toute leur longueur; or, il n'en est pas ainsi : ce sont des rubans attachés sur leur bord externe et libres seulement à leur bord interne.

Mais il est inutile d'apporter le trouble dans notre rapide étude. Il ne nous appartient pas de changer cette appellation depuis longtemps admise.

Les cordes vocales, les deux supérieures ou *fausses cordes*, les deux inférieures, ou *vraies cordes* (les seules importantes au point de vue de la phonation) sont insérées en arrière à la saillie interne des aryténoïdes. En avant et en dehors, le thyroïde les enveloppe et les protège. Entre les cordes supérieures et les cordes inférieures se trouve, de chaque côté, une poche nommée ventricule de Morgagni.

☙

Doit-on considérer le larynx comme un instrument à corde ou un instrument à anche ?

L'accord semble à peu près complètement établi sur ce point entre les anatomistes et les physiologistes : le larynx est bien une anche, mais une anche spéciale à lèvres vivantes formées par les deux cordes vocales inférieures et au-dessus de laquelle les ventricules du larynx, le pharynx, les cavités nasale et buccale, les sinus des os de la face forment autant de cavités de résonance destinées à amplifier les sons et à faire valoir le son fondamental et les sons harmoniques. Ce qui distingue le larynx d'une anche ordinaire, c'est que l'écartement, la longueur, la consistance, la tension des lèvres de l'anche peuvent varier dans de notables proportions, grâce à la mobilité des cordes vocales.

Ces cordes dessinent l'une avec l'autre la figure d'un triangle très allongé dont la base est en arrière, le sommet en avant. Par le sommet, elles s'insèrent à l'angle rentrant du thyroïde, qu'on peut comparer à un livre ouvert en arrière et placé debout sur le cricoïde qui forme comme une bague sur laquelle le thyroïde s'appuie en avant. Un muscle, le crico-thyroïdien, rattache le cartilage inférieur au supérieur. On conçoit très bien que, lorsque ce muscle se contracte, il fait basculer en avant le dos du livre et détermine la tension des cordes qui s'attachent à l'intérieur de ce livre. Aussi, la paralysie de ce muscle empêche les cordes de se tendre et détermine la raucité de la voix, les cordes vocales sous l'influence du courant d'air expirateur ne vibrant plus tendues; mais lâches, flottantes.

Voilà donc un premier appareil moteur de notre anche qui en tend les lèvres, ce qui diminue l'amplitude de leurs vibrations et éclaircit la tonalité du son qu'elles donnent.

Mais les cordes vocales, les lèvres de l'anche, ne se contentent pas de se tendre plus ou moins; elles se rapprochent ou s'écartent pour intercepter une fente plus ou moins large.

Ce mouvement, le plus important, est déterminé par un muscle qui fait mouvoir le cartilage où s'attache l'extrémité postérieure de ces cordes, l'aryténoïde. Ce cartilage essentiellement mobile peut être comparé, nous l'avons dit, à un cavalier à cheval sur le bord du cricoïde, en face de l'angle rentrant du thyroïde. Le cavalier a une jambe pendant en avant, une en arrière ; la corde vocale s'attache à la jambe pendant en avant, à l'intérieur même de la cavité du larynx, elle s'attache donc à un point essentiellement mobile, car cette jambe peut basculer dans tous les sens : en dedans et en dehors, en haut et en bas. A l'autre jambe du cartilage cavalier viennent s'insérer des muscles qui, en se contractant, l'attireront également dans tous les sens et feront voyager en sens inverse l'autre jambe, sur laquelle s'attache la corde vocale.

Ces muscles, les crico-aryténoïdiens latéral et postérieur, ont leurs fibres dirigées de façon à produire tous ces mouvements, suivant que les unes ou les autres se contractent. Grâce aux contractions, les cordes vocales peuvent se rapprocher ou s'écarter du plan médian, c'est-à-dire intercepter entre elles deux un espace, une fente plus ou moins large.

Voilà donc un muscle qui permet à notre anche de varier de volume, comme l'autre lui a permis de varier de tension.

Enfin, le long de la corde vocale même, viennent s'attacher les extrémités de quelques fibres du muscle thyro-aryténoïdien qui, en se contractant, déterminent des différences de tension partielles des cordes vocales et la production d'harmoniques. On les a comparées aux doigts du violoniste qui, en se posant en divers points de la corde, en limitent la partie vibrante.

En deux mots, l'appareil producteur du son est une anche vivante dont les lèvres peuvent s'allonger ou se raccourcir, se tendre ou se détendre, se rapprocher ou s'écarter l'une de l'autre, changer de consistance en tout et en partie, grâce à un mécanisme assez simple dans l'ensemble, complexe dans le détail, que nous n'avons fait qu'ébaucher incomplètement pour nous faire plus clairement comprendre.

Dans cet appareil, jusqu'à ce que de nouvelles investigations nous aient fixés indiscutablement, nous pouvons dire que, pour la formation sonore, il y a une collaboration entre le branle aérien et le branle pariétal.

L'ensemble de ces vibrations donne le son *vocal* original. Ce son, porté par la colonne d'air d'expiration, arrive dans le pharynx, et l'*articulation* se produit par les mouvements combinés du pharynx, du voile du palais, de la bouche, des dents et des lèvres.

D'où la nécessité pour l'élève — et plus encore pour le professeur — de connaître la physiologie et le mécanisme de ces organes.

Mais, pour que les bords de la glotte vibrent, il faut qu'ils soient tendus. Müller l'a prouvé expérimentalement : il a obtenu des sons en faisant passer un courant d'air dans un larynx dont les cordes vocales étaient tendues par un poids fixé, au moyen d'une ficelle, en avant du thyroïde.

Quel peut être l'agent de cette tension, si ce n'est l'élément contractile représenté par les divers muscles du larynx, lesquels, pour la production des sons, directement ou indirectement, impriment à la glotte des modifications d'ouverture et, en même temps, de consistance.

Avant d'aller plus loin il faut connaître la structure des lèvres de cette glotte qui constitue un véritable *instrument à anche membraneuse*.

Ces lèvres sont formées de trois tissus qui, de la superficie à la profondeur, sont :

1º Une muqueuse, indéniablement impropre à se tendre et, par conséquent, à vibrer, ne pouvant être qu'un tissu protecteur ;

2º Une partie *ligamenteuse*, improprement appelée *corde vocale*. Cette partie est formée d'un tissu élastique composé de fibres non rectilignes mais enchevêtrées en tous sens, c'est-à-dire incapables d'une tension propre.

3º Un tissu *musculaire* (muscle thyro-aryténoïdien) qui constitue la partie essentiellement active, susceptible de tension propre,[1] et que l'on peut regarder comme la vraie corde vocale, le véritable instrument vibratile, qui donne aux lèvres de la glotte la consistance et la tension suffisantes.

Car, nous l'avons dit, la muqueuse, seule, serait impropre à vibrer. Le tissu élastique est dans les mêmes conditions ; mais il est tellement uni au tissu musculaire qu'il entre en vibration en même temps que ce dernier. Par

[1] Un ancien anatomiste, Fabrice d'Aquapendente, a, depuis longtemps, démontré que certaines fibres du muscle thyro-aryténoïdien passent horizontalement dans les cordes vocales.

sa nature élastique, « il sert d'intermédiaire entre le muscle et la muqueuse [1] », et, à chaque contraction, empêche celle-ci de se plisser et d'altérer le son.

Ainsi constituées, les lèvres de la glotte peuvent entrer en vibration, et, grâce aux ventricules du larynx, elles en ont toute liberté.

Ce qui démontre le peu d'importance, dans la phonation, de la partie superficielle (muqueuse), comparée aux parties profondes (tissus élastique et musculaire) c'est le témoignage d'artistes à qui, au cours de leur carrière, il est arrivé de ne pouvoir chanter alors que, le pharynx étant intact, rien sur les cordes vocales ne justifiait cette indisposition. D'autre part, il se trouve fréquemment qu'un artiste a les *cordes rouges*, c'est-à-dire dans un état très prononcé d'inflammation, sans que sa voix en soit pour ainsi dire altérée.

Le muscle thyro-aryténoïdien joue certainement le principal rôle dans la phonation ; mais il a besoin du concours de tous les autres muscles du larynx, même du crico-thyroïdien, dont on a contesté l'importance et dont le rôle consiste à immobiliser le cartilage thyroïde et à offrir ainsi un point d'appui fixe aux insertions antérieures du thyro-aryténoïdien [2].

Voici qui le prouve : si l'on coupe le nerf laryngé supérieur, qui fait mouvoir seulement le muscle crico-thyroïdien, la voix devient rauque.

Aux autres muscles est dévolu le soin de graduer l'écartement des lèvres de la glotte, en agissant sur les cartilages aryténoïdes où se font les insertions postérieures du muscle thyro-aryténoïdien.

Aussi, peut-on dire que le son est le résultat de l'action synergique de tous les muscles et que l'absence du son, l'aphonie, dépend beaucoup moins de l'état de la muqueuse que de la paralysie partielle ou complète, momentanée ou définitive de l'appareil musculaire.

Une récente expérience de M. le Dʳ Marage l'affirme d'une façon péremptoire : dans un larynx mort, il fait contracter les muscles par l'électricité et il obtient toutes les modulations, les plus fortes comme les plus douces de la voix de l'animal.

⚜

Le larynx est innervé par deux nerfs que l'on pourrait appeler : *nerfs vocaux* puisque la production des sons au niveau de la glotte est sous leur dépendance.

Le *laryngé supérieur*, qui donne la sensibilité au larynx et le mouvement au muscle crico-thyroïdien ;

Le *laryngé inférieur* qui innerve tous les autres muscles.

Ils naissent tous deux du nerf pneumogastrique ; mais les expériences tendent à démontrer que le laryngé inférieur ne serait qu'une partie de la branche interne du nerf spinal qui, à sa sortie du crâne, s'est confondue avec le nerf pneumogastrique.

Cette origine présente un grand intérêt, car la branche externe du nerf spinal va se ramifier dans certains muscles du cou et sert à la mimique des épaules et de la tête. Ce nerf a donc une double fonction artistique.

---

[1] Küss.

[2] Exactement comme le fait l'asthmatique lorsque, pour donner un point d'appui fixe à ses muscles inspirateurs, il immobilise ses bras en se cramponnant, par exemple, à un meuble.

De plus, la branche externe du spinal remplit encore un autre rôle, celui de régler l'expiration pendant le chant, c'est-à-dire d'entrer en lutte avec les muscles qui tendraient à affaisser la cage thoracique et à laisser échapper tout l'air emmagasiné. Cet antagonisme a été appelé par Mandl : *la lutte vocale.*

Il mesure donc l'écoulement de l'air, suivant les besoins nécessités par les sons formés dans la glotte. Il est le régulateur de la soufflerie.

Quant à l'action des muscles, elle est extrêmement compliquée : variable, combinée en diverses parties, coordonnée et appropriée à chaque attitude de la phonation. Il faudrait, pour en démontrer l'importance, ou seulement pour indiquer les différents jeux de bascule qu'ils impriment aux diverses pièces du larynx, se livrer à une étude très approfondie que nous n'avons pas l'intention d'entreprendre. Ce que nous avons révélé suffira pour instruire le chanteur et inciter sa curiosité ou son désir de connaître mieux l'instrument dont il se sert et d'où dépendent ses joies artistiques et... sa situation.

Quelques esprits superficiels déclareront l'inutilité d'un pareil travail; dédaigneux de leur opinion, portons nos efforts vers ces intéressantes et difficiles questions, où la lumière, encore, n'est pas complète et où l'expérience personnelle d'un artiste, les études cliniques d'un professeur de chant (car donner des leçons, c'est faire de la clinique) pourraient corroborer les recherches des physiologistes.

LES RÉSONNATEURS

Que l'on pourrait moins improprement appeler des amplificateurs pho-niques, car le véritable résonnateur, c'est la salle de théâtre.

Nous arrivons sur un terrain plus facilement explorable ; disons, tout de suite, que, dans le chant, l'importance des résonnateurs est plus grande que celle des vibrateurs. Le larynx ne donne pas une grande sono-rité propre. Il donne le branle aux parois des cavités. Avec un petit larynx et de vastes cavités pharyngiennes, nasale et buccale, on obtient une voix ample. Cela revient à dire qu'il suffit de bons résonnateurs pour avoir une bonne voix. Un larynx privé de ses résonnateurs ferait l'effet d'une clarinette dont il ne reste que l'anche.

Si les poumons règlent l'intensité, si le larynx forme le son, les chambres de résonance donnent à la voix sa qualité particulière. Autrement dit, le son *formé* par la poussée d'air, passant sur la glotte, est *modifié* par les résonnateurs. C'est à eux qu'est due la qualité si essentielle du *timbre*.

Parmi ceux-ci : la trachée, les bronches, le poumon et la cage thoracique dans lesquels se répercutent les sons laryngiens ; mais, la véritable amplifi-cation se fait au-dessus du larynx. Une obstruction du nez, une irritation du palais, une perforation, une paralysie de ces organes, une sinusite font éclater ces vérités.

Voici les principaux résonnateurs sus-laryngiens :

Les *ventricules du larynx* ou de Morgagni.

Ces ventricules se trouvent entre la corde vocale supérieure et la corde vocale inférieure et se présentent sous l'aspect d'une fente elliptique, allongée dans le sens antéro-postérieur, s'enfonçant à droite et à gauche dans l'épaisseur des replis aryténo-épiglottiques.

Savart leur accorde une influence prépondérante dans la vibration — ce qu'il est naturel d'admettre. En pourrait-il être autrement ?

Mais les preuves sont pour le moment impossibles à établir [1].

---

[1] Une récente application du miroir pourra, peut-être, établir une certitude sur ce point.
En effet, dans la séance du 14 mars 1911, à l'Académie de Médecine, M. le professeur Gariel a présenté au nom de M. le D' Jules Glover, médecin du Conservatoire, un nouveau laryngoscope appelé à rendre de grands services. Il permet l'examen *latéral* du larynx et repose sur le prin-cipe d'optique suivant : dans le cas de deux miroirs faisant entre eux un angle de 135° une droite parallèle à l'un des miroirs a ses deux images perpendiculaires entre elles.

L'*épiglotte*, décrite déjà, et qui participe à la phonation puisqu'elle s'élève ou s'abaisse en raison directe des mouvements du diapason. Dans les sons graves et selon la formation verbale, elle retombe à ce point sur le larynx qu'elle empêche de voir au laryngoscope les cartilages aryténoïdes.

Le *pharynx*, qui fait suite au larynx, s'ouvre dans la bouche, s'étend jusqu'à la base du crâne et communique avec les fosses nasales. C'est un grand conduit, très allongé, plus large en haut qu'en bas. Il est régi par des muscles qui en modifient la forme avec une extraordinaire facilité ; l'importance de ces mouvements est grande dans la *variété des timbres*.

Le *voile du palais*, dont le rôle est capital, sorte de rideau, extrêmement mobile qui a deux fonctions principales : en se soulevant, il augmente la capacité de la chambre de résonance et il ferme les fosses nasales, ce qui supprime les sons nasillards.

La *luette*, appendice du voile du palais, qui n'est pas soumis à la volonté, ne se meut que par l'organe auquel il est attaché.

Les *piliers du voile du palais*, replis très visibles, qui font saillie à l'intérieur du pharynx. Il y en a deux de chaque côté, s'écartant l'un de l'autre de haut en bas, à la manière d'un V renversé.

L'*amygdale*, qui se trouve entre les deux piliers, et qui pourrait s'assimiler à la luette par les fréquents inconvénients dont elle a la propriété, notamment la production des angines. Hypertrophiée, elle gêne les mouvements du voile du palais dont certains faisceaux musculaires se relient au larynx et alourdit ainsi la voix. Elle doit alors être supprimée.

Les *fosses nasales*, dont le rôle est capital dans la respiration et dans la phonation. Elles s'obstruent facilement et deviennent le siège de nombreuses maladies qui influent sur la voix — car on accuse souvent la gorge, alors que le nez, seul, est coupable.

Ce sont deux cavités très longues, dix centimètres environ, constituées par des parois osseuses, immobiles. Les *sinus*, frontaux, ethmoïdaux, maxillaires, petits espaces vides, au-dessus, en avant et en arrière des passages nasaux, creusés, pour ainsi dire, dans l'épaisseur des os et auxquels les physiologistes n'accordent aucune part de phonation.

Les sinus, dont on a tant cherché la signification physiologique et dont le grand développement ne s'explique ni par leur rôle dans l'olfaction, ni par celui qu'ils pourraient jouer dans la respiration, ne sont, sans doute, qu'un vestige persistant des cavités aériennes développées au niveau des fentes branchiales pour le passage de la respiration branchiale à la respiration aérienne.

S'ils n'ont de signification qu'au point de vue de l'anatomie comparée, ne prennent-ils point, accessoirement, au point de vue vocal, quelque importance, puisqu'ils transforment des os épais, non susceptibles de vibrer, en lamelles minces et flexibles, qui sembleraient adaptées à la résonance ?

Ne serait-ce pas à cette fonction qu'elles paraîtraient destinées ?

Dans les théâtres romains, lorsque l'acoustique laissait à désirer, on plaçait, aux quatre coins, de grandes urnes vides, des « echea » qui faisaient l'office de caisses de résonance [1]. Ne pourrait-on comparer — toutes proportions gardées — nos sinus aux urnes romaines ?...

La *bouche*, que nous ne nous attarderons pas à décrire, mais qui représente — comme il est aisé de le concevoir, par sa forme, par sa communication directe avec les autres organes et par son extrême mobilité, un résonnateur de premier ordre et qui — fonction capitale — concourt puissamment à former les voyelles.

La *langue* qui, outre le rôle qu'elle joue au théâtre et... dans l'humanité, est d'une grande importance pour la phonation et pour la formation verbale : elle gêne les mauvais chanteurs et aide... les autres ! N'oublions pas qu'elle est intimement liée au larynx par l'os hyoïde. Elle est formée d'une masse de muscles qui s'entre-croisent de façon très compliquée.

La *voûte du palais*, paroi osseuse où vient frapper l'onde sonore.

---

[1] Quelques écrivains irrévérencieux affirment que les *echea* avaient une destination beaucoup plus... prosaïque.

Les *dents*, au nombre de 32 (rarement au complet) qui, lorsqu'elles sont trop rapprochées, donnent aux paroles une certaine obscurité et rendent impossible l'articulation de certaines lettres si elles manquent en avant.

Les *lèvres*, ultimes résonnateurs, qui aident puissamment à la variété des timbres et à la formation des voyelles et que des parties charnues mettent en communication avec le nez, les joues et les téguments de la face.

Voilà, rapidement décrits, les résonnateurs, dont nous déterminerons plus exactement le rôle dans le travail de la voix ; leur importance est capitale, car ce sont eux qui donnent le *timbre*.

Ils y concourent tous à des degrés différents et leur intervention est plus puissante encore que celle du larynx à former une belle voix.

Ces quelques aperçus anatomiques indispensables ne nous ont pas obligés à un effort bien soutenu. C'est à dessein qu'ils furent simplifiés ; nous pensons que le lecteur ne s'est pas laissé rebuter par cette courte étude.

LA RESPIRATION

Il semble que s'il est un acte naturel, auquel l'art n'ait rien à voir, c'est de respirer.

Respirer, c'est vivre.

Eh bien ! on ne peut chanter que si l'on respire bien, et, le plus souvent, on ne respire bien que si l'on apprend à respirer; car *bien peu de personnes s'acquittent normalement de cette fonction.*

La Respiration est l'agent principal du Chant.

Qui ne sait pas respirer et distribuer le souffle ne sait pas chanter.

Les plus belles voix sont vouées à une déchéance rapide si elles n'ont à leur service une bonne respiration ; les exemples ne sont pas rares de chanteurs ayant une voix médiocre, affligée de « trous », qu'ils parviennent à lier, à rendre homogène par la magie du souffle suppléant aux imperfections et masquant les défauts...

Comment équilibrer une phrase, déclamer un récit, donner un « tour » à la moindre nuance, si l'on n'est maître de la respiration?

Jamais les intentions de l'artiste ne pourront être réalisées.

⚘

On reconnaît trois types de respiration :

1° Le type claviculaire ;

2° Le type latéral, ou costal, ou thoracique ;

3° Le type abdominal ou diaphragmatique.

Du premier, nous ne parlerons pas. De pareilles puérilités ne sauraient trouver place ici.

Remarquons, en passant, que le nombre est grand de ceux — surtout de celles — qui croient employer le mode thoracique et qui se servent du mode claviculaire.

Le type latéral, costal, thoracique consiste « à respirer par les côtés de la poitrine », nous disent certaines « méthodes ».

L'inspiration, dans laquelle le mouvement des côtes est le facteur important de la dilatation thoracique, y est exécutée par des muscles intercostaux; mais elle l'est surtout par les gros muscles qui s'insèrent en haut de la poitrine.

Tandis que le mode thoracique a pour but de faire pénétrer l'air au milieu de la poitrine, le mode dit abdominal — appelé aussi diaphragmatique, en raison du rôle prépondérant qu'y joue le diaphragme — tend à emmagasiner une plus grande quantité de souffle et à le maintenir plus longuement dans les poumons.

Et voilà le sujet de toutes les controverses, de toutes les discussions, l'objet de batailles interminables — combien acharnées entre médecins, professeurs et artistes.

Tâchons de mettre tout le monde d'accord : respirer *exclusivement* au moyen de l'un des types : claviculaire, thoracique ou abdominal, c'est remplacer l'acte naturel de la respiration par des systèmes aussi dangereux pour la voix que pour la santé.

Tel de ces modes peut être favorable aux uns, défavorable aux autres ; mais il est insuffisant s'il n'est complété. En effet, si nous admettons la *prédominance* de l'un de ces types respiratoires, il nous est impossible de les dissocier d'une façon assez complète pour supposer que l'un de ces modes se puisse accomplir seul, à l'exclusion de tous les autres.

Il est une manière, qui deviendrait, alors, un quatrième type, dont jamais personne ne parle : la *Respiration complète* : emmagasiner l'air du haut en bas, dans l'amplitude de la poitrine tout entière. « Voilà, dira-t-on, le type rêvé. Il n'est pas besoin, *a priori*, d'être artiste ou savant pour l'adopter du premier coup. » Expliquons-nous cependant : le type thoracique (toute respiration est forcément thoracique) tel qu'on l'entend, ne peut s'exécuter isolément ; il ne peut emmagasiner et surtout garder assez longtemps une quantité d'air suffisante que par l'appui de la respiration abdominale qui ouvre les réserves du bas de la poitrine. Mais cette respiration abdominale ne s'effectue qu'avec le concours prédominant du diaphragme. A cause de cela, et aussi pour éviter le terme impropre et ridicule d'abdominal, il est arrivé que l'appellation *diaphragmatique* a été adoptée par quelques-uns de ceux qui enseignent, avec la respiration abdominale, la respiration thoracique, c'est-à-dire celle où l'abaissement du diaphragme et l'écartement des côtes augmentent en *hauteur* et en *largeur* la capacité respiratoire. Que les côtes se relèvent sous l'action directe du diaphragme ou qu'elles soient écartées par la masse des viscères qui, refoulés par le diaphragme, se dilatent en largeur de tout ce que le refoulement leur fait perdre en hauteur, il n'en est pas moins établi que l'abaissement du diaphragme a pour résultat d'augmenter en *hauteur* la capacité respiratoire, et, en même temps, en *largeur*, puisque la cage thoracique s'écarte. L'anatomie appelle donc le diaphragme : muscle élévateur et dilatateur des dernières côtes.

Et voilà une inspiration ample et basse et sans effort, sauf que l'on aspire immodérément. Il est au moins inutile, quel que soit le mode adopté, d'aller... jusqu'au vertige !

Le rôle du diaphragme est prépondérant dans la vie, dans la nature, dans l'évolution biologique, dans la parole, dans le chant.

C'est certainement le muscle respiratoire par excellence. C'est, en tout cas, le muscle de la respiration *normale*. La section du nerf qui l'anime, le nerf phrénique, suspend définitivement l'acte respiratoire, et les efforts combinés de tous les muscles accessoires ne peuvent suppléer son action qui, par contre, suffit à elle seule.

Ce rôle de muscle respiratoire prééminent est démontré non pas seulement par l'action réelle, expérimentale du diaphragme, mais aussi par son innervation. Ce muscle qui est placé à la partie moyenne du corps, qui sépare, comme nous l'avons vu, le thorax de l'abdomen, ne reçoit pas son nerf des parties voisines de la moelle, comme presque tous les autres muscles du corps humain; ce nerf lui vient par un trajet immense, paradoxal, des parties supérieures de la moelle, des premières paires nerveuses du cou, des colonnes motrices prolongeant celles des nerfs pneumogastrique et spinal qui animent le poumon et le larynx, comme si le diaphragme n'était qu'une annexe motrice indispensable des *organes respiratoire* et *vocal*, développés tous deux d'abord dans la série animale, au niveau du cou, aux dépens des arcs branchiaux, vestiges transformés de l'appareil respiratoire des branchies des poissons, nos lointains ancêtres muets.

Donc, en fait, aussi bien qu'expérimentalement, au point de vue physiologique, aussi bien qu'au point de vue de l'innervation et de l'anatomie comparée, le diaphragme est l'organe respiratoire essentiel, le muscle du soufflet vocal. La respiration diaphragmatique est la plus naturelle, la plus physiologique.

Veut-on connaître de quel secours est le diaphragme dans le chant ?

Sa contraction permet de porter au maximum la quantité d'air aspirable sans effort, sans aucun mouvement visible — celui, si répandu, notamment, de soulever les épaules — puis, de retenir prisonnier cet air dont on est ainsi devenu maître et de le *distribuer* à son gré.

Par sa rapidité et sa sûreté, ce mouvement offre l'avantage de l'instantanéité d'attaque, lorsqu'un appel précipité de souffle est indispensable, sans obliger l'exécutant, dans les mouvements vifs de la mesure, à des retards qui en altèrent le rythme, car le diaphragme, par sa traction, *pompe* l'air, comme, dans une cuvette, une seringue pompe l'eau.

L'abaissement du diaphragme est un mouvement naturel. En veut-on des exemples ?

Aux blessés atteints de fractures des côtes, ou simplement de contusions, on immobilise toute la cage thoracique; jamais ils ne se plaignent de la moindre gêne : ils respirent plus bas que l'appareil; ils respirent abdominalement.

En boxe, le « coup de pied de poitrine » est redoutable lorsqu'il porte — si légèrement que ce soit — dans la région du diaphragme, qui, douloureusement immobilisé, suspend tout de suite et pour un temps assez long la respiration.

Observez comment respirent les animaux : la vache couchée dans l'étable, le cheval au repos, le chien qui revient, essoufflé, de la chasse et qui s'étend devant le foyer et s'endort, ou la chatte familière qui ronronne, dans nos appartements parisiens, sur le siège moelleux qu'elle s'est choisi. Les oiseaux n'arrivent-ils pas aux longues phrases et à la vocalisation par le seul emploi de la respiration du *ventre*, puisque le haut de leur poitrine est *immobile, ankylosé*. Et ils chantent des heures entières sans fatigue !

Nous-mêmes, les rois de la création, lorsque nous respirons sans y prendre garde, lorsque notre mécanisme n'est pas sous l'empire de notre volonté, dans l'état de sommeil, ou simplement dans la position horizontale, soulevons-nous le haut de la poitrine ? Non, c'est notre abdomen qui est soulevé par l'abaissement du diaphragme.

— Mais on ne chante pas dans l'état de sommeil !

— J'entends. Vous voulez dire que la respiration *naturelle* n'est pas la respiration *artistique* : l'homme qui dort n'est nullement dans les mêmes conditions que l'homme qui chante. Prenez patience.

L'acte de respirer pour vivre est plus simple que l'art de respirer pour chanter. C'est de toute évidence. Le premier de ces mouvement est passif, inconscient : c'est un acte réflexe. (Un homme frappé d'apoplexie continue à respirer, malgré l'état de sidération dans lequel vient de le jeter son accident.)

Le second de ces mouvements s'effectue sous l'empire de la volonté. Il est cérébral.

Nous savons que dans la respiration naturelle, nous introduisons simplement l'air atmosphérique dans les poumons où se produit l'échange qui purifie le sang, qui lui fait absorber l'oxygène vivifiant et rejeter l'acide carbonique dont l'excès intoxiquerait l'organisme. Les mouvements d'inspiration et d'expiration — *la glotte étant béante* — ont une durée totale de *quatre secondes*, sur lesquelles nous pouvons dire que « nous gardons notre souffle » environ *deux secondes*.

Pour la respiration artistique, c'est plus compliqué : nous prenons une ample provision d'air, nous l'expirons ensuite en lui imprimant une forte poussée, *en le faisant passer sur l'instrument*, nous nous appliquons, en même temps, à en régler la répartition. *Et nous avons gardé une partie de notre souffle, dix, quinze, vingt, vingt-cinq secondes.*

Pour le chant, il est donc indispensable de mettre en jeu des forces musculaires qui sont inutiles pour les besoins de la vie, et, répétons-le, d'accomplir l'acte respiratoire non plus passivement, mais sous la dépendance de notre volonté artistique.

Si la respiration naturelle subit de grandes variations suivant la santé, le tempérament, l'éducation physiologique de l'individu, selon qu'il est debout, assis ou couché, qu'il lève ou abaisse tel membre, qu'il marche, qu'il court, qu'il monte, qu'il descend, qu'il est saisi de peur, de crainte ou de joie, pour l'une des mille raisons qui peuvent précipiter ou ralentir les mouvements du cœur, la respiration artistique est non seulement soumise à tous ces accidents, mais au plus redoutable de tous, celui qui surexcite anormalement le système nerveux, qui stimule ou anéantit, auquel aucun véritable artiste, jamais, ne peut se soustraire complètement, celui que, sur la scène et dans la salle, on appelle : *le trac !*

C'est pourquoi il faut pouvoir se servir, suivant le cas, de différents modes d'aspiration et les compléter selon les mouvements, positions et attitudes exigés par la scène.

De tout cela, allons-nous conclure que l'on doit respirer au théâtre, *autrement* que dans la vie ? Non. « Faut suivre la nature » comme dit la nourrice, dans Molière. Servons-nous de la respiration naturelle ; bien mieux : de la respiration qui est naturelle à chacun de nous, en la complétant, s'il est nécessaire, en l'*amplifiant* pour nos besoins, en la soumettant à nos règles. Appliquons la nature à l'art.

❦

Quelques partisans du mode thoracique exclusif se contentent de répéter : « Respirez naturellement », ce qui les dispense peut-être de toute démonstration et ce qui les amène, à leur insu, à recommander la respiration complète.

Et je ne suis pas éloigné de croire que certains chanteurs, sans jamais s'en être rendu exactement compte, n'ont cessé de respirer ainsi.

En une ville d'eaux, où sévissent les gargarismes, les petits chevaux et la mauvaise musique, j'attendais la fin du traitement quotidien pour fuir, en compagnie d'un camarade de l'Opéra, vers les montagnes reposantes...

Un jour, se joignit à nous le docteur Y..., adoré de ses malades qu'il sait guérir, soulager — ou consoler, et de ses amis, qui sont nombreux.

Nous étions assez intrépides aux ascensions, mais le bon docteur, que son ventre commençait à alourdir, ne tarda pas à réclamer une halte de quelques minutes. Essoufflé, il cherchait à reprendre haleine et je lui fis remarquer qu'il respirait par le bas de la poitrine. Là-dessus, et comme s'il n'avait attendu que ce mot, il bondit. Il avait retrouvé ses forces. Il nous déclara que, pour un ouvrage qu'il préparait, il avait besoin de notre avis sur le mode de respiration pratiqué par nous.

Nous nous exécutâmes : mon camarade et le médecin se liguèrent contre moi. Devant la nature, je trouvai inutile et fatiguant de contraindre mon esprit bucolique à revenir sur des sujets traités tous les jours dans la grande ville, à cette dissertation sur les muscles du thorax et de l'abdomen qui contrastait singulièrement avec la grandeur du spectacle.

Mais, une fois rentré, seul avec mon camarade, je l'interrogeai.

« Je ne me suis jamais très sérieusement préoccupé, me déclara-t-il, du mode exact de respiration que j'applique au chant (on ne m'a jamais rien enseigné à cet égard). Est-il thoracique ? Est-il abdominal ? Tient-il des deux ? Il est excellent, en tout cas, et j'en reste là. Quant à notre conversation de tout à l'heure, j'imaginais le docteur plus instruit que nous sur la physiologie ; en étant de son avis, je pensais être dans le vrai. Et puis, pour rien au monde je n'eusse voulu contrarier un si charmant compagnon. Du reste, voici comment je respire. Jugez. »

Il respirait amplement, de toute la poitrine, avec un large abaissement du diaphragme !

Et voilà comment les médecins font, parfois, de la statistique. Voilà comment notre ami, le bon docteur, recueillit une attestation de plus pour son livre qui en est bourré.

⚜

Alors, comment s'y prend-on pour respirer ?

« Moi », déclare, en désignant d'abord l'abdomen, ensuite le haut du palais, un chanteur dont la longue et brillante carrière à l'Opéra atteste le savoir : M. Delmas ; « moi, je respire d'ici et je chante de là. » On ne peut mieux dire, en si peu de mots.

Faure répond volontiers à ceux qui le consultent : « Je respire sans y songer, selon ma manière habituelle, et jamais exagérément ».

Mais Faure est l'exception. Il respire selon sa manière, parce que sa manière est excellente.

Mounet-Sully aussi.

Mounet-Sully n'est pas seulement un tragédien de génie, une vivante statue, il est encore un grand chanteur.

Comment n'être pas frappé par la virtuosité avec laquelle cet extraordinaire artiste conduit sa voix, l'assouplit, la module, en varie les timbres, la plie aux accents les plus divers et parvient, sans effort, à lui faire parcourir l'échelle de la basse, du baryton et du ténor ?

Et il est arrivé à ce résultat par l'instinct seulement. Je le tiens de son propre aveu.

Voyez-le : au moment d'une longue période, il se cambre, ses reins se creusent, sa poitrine s'emplit, son pourpoint se gonfle, la ceinture qui soutient son épée est près de se rompre.

Un cri s'échappe qui fait vibrer la salle de la Comédie-Française, ou bien se rue jusqu'aux plus hauts gradins de l'immense Théâtre Antique d'Orange.

Un cri ? Non, un rugissement !

Ne croyez pas qu'il ait jailli au hasard. Ce désordre théâtral est régi par une sage volonté. Le fond de la gorge s'est ouvert, le voile du palais s'est soulevé (on aperçoit dans l'ombre, *in gurgite vasto*, le point lumineux de la luette humide) la colonne sonore est venue frapper le palais qui nous l'a renvoyée.

La phrase qui suit s'épanouit ; puis, l'intensité diminue, le timbre se modifie, la voix s'adoucit avec un art surprenant, et la période se termine sur une sonorité de charme véritablement admirable.

Ainsi le doyen du Théâtre-Français peut, aussi bien que dans ses jeunes années, vociférer, selon l'expression des comédiens antiques, la douleur d'Œdipe, toute une soirée, sans fatigue.

Grâce à ce mécanisme, il fournit l'extraordinaire carrière qui fait l'admiration de tous, car son génie, seul, ne l'y eût pas conduit.

En vérité, Mounet-Sully n'est pas seulement un grand tragédien, il est un grand chanteur.

Mais nos élèves ne sont pas tous si admirablement doués ! Rien ne s'improvise... Ces grands artistes mettent en pratique les règles que nous prescrivons. Raison de plus pour en continuer et développer l'enseignement.

❧

Car, lorsque la nature n'a pas doué l'individu d'un mode parfait de respiration, une étude complète s'impose. Oh ! je sais : je provoque une levée de boucliers ! On va pousser des imprécations : « Voilà maintenant qu'il nous faut *apprendre* ce que nous *savons* en naissant, et compliquer des sujets si simples, surcharger de démonstrations obscures l'acte le plus naturel ! »

Laissons aboyer la meute...

En général, tous tant que nous sommes, nous ne savons pas respirer... physiologiquement.

Les femmes respirent trop avec le haut de la poitrine, les hommes ne respirent pas assez avec le sommet des poumons.

Revenons à l'anatomie, dont les données sont irréfutables. Elle nous enseigne que la bonne respiration comporte une base de thorax rectangulaire, dans un mouvement opposé à celui des phtisiques.

Pendant longtemps, la médecine a fait la guerre au bacille assassin. Mais « mieux vaut prévenir que guérir ». La médication chimique commence à n'être plus considérée que comme un adjuvant aux moyens naturels de guérir la tuberculose, de la prévenir chez les prétuberculeux : lumière, température, alimentation, *exercices physiques.*

« Tous, nous respirons par instants des poussières bacillifères ; cependant nous sommes loin de devenir tous des tuberculeux. Il y a pour la tuberculisation un terrain spécial que, seuls, les agents physiques pourront contribuer à modifier heureusement [1]. »

Mais il faut que le candidat à la déchéance tuberculeuse sache prendre cet air pur qui le sauvera ; il faut que ses poumons soient longuement ventilés, *il faut qu'il apprenne à respirer* (une mauvaise aération de la poitrine est une porte ouverte à la terrible maladie, qui presque toujours frappe l'individu dont le poumon est contenu dans une cage thoracique étroite).

Cette initiation doit avoir lieu surtout dans la jeunesse de l'individu, parce que le squelette est alors transformable. Plus tard, le thorax s'ossifie ; les

---

[1] *La Gymnastique respiratoire.* Samuel Bernheim et Louis Dieupart.

articulations costo-vertébrales s'ankylosent, et l'augmentation du diamètre thoracique est plus difficile à obtenir.

Dans les cures d'altitude, le malade est soumis à une gymnastique respiratoire inconsciente. Plus on s'élève, plus la tension est faible. « Pour arriver à fixer une quantité d'oxygène toujours identique, on est obligé de multiplier le nombre des respirations, en même temps qu'on les rendra plus profondes [1] ».

Voilà donc deux moyens : la gymnastique inconsciente, la gymnastique volontaire.

C'est à cette dernière que doit se soumettre tout chanteur.

Dès que la prédominance d'un type respiratoire sera reconnue, c'est l'autre type que l'on développera : grandes aspirations thoraciques ou diaphragmatiques, selon le cas, et, enfin, *respiration complète*.

Faut-il ajouter que lorsqu'un élève *respire bien*, le professeur n'a... qu'à le laisser faire, et ne lui parler jamais de respiration ?

Faut-il insister sur l'inutilité — le danger même — d'une inspiration trop profonde? Outre les troubles de circulation, les vertiges dont nous parlons par ailleurs et tout ce qui est causé par un trop violent appel de souffle, il faut que les provisions d'air soient en rapport avec la résistance du larynx.

L'un des premiers contrôles pour le professeur est de se rendre compte de cet équilibre.

Si les cordes sont petites, courtes, comme celles des voix élevées, une soufflerie trop puissante serait des plus dangereuses. Il serait facile au sujet d'augmenter, *momentanément*, sa sonorité, et tel soprano léger, par des poussées d'air exagérées, pourrait, pendant quelque temps, se prendre, et se faire prendre pour un soprano dramatique (tous les *soprani* légers ambitionnent d'être soprano dramatique). Et si le professeur n'est pas attentif au danger de cette tendance, c'est la faillite rapide de la voix.

Le véritable enseignement consiste, du reste, à former l'élève par un entraînement progressif, au lieu de lui demander, dès le début, le maximum de sa sonorité.

Le besoin inverse se fait plus généralement sentir : le souffle et sa distribution sont insuffisantes à la vibration normale.

On règle donc la soufflerie, selon les besoins, en la limitant ou en l'amplifiant.

Dans une école de chant, chaque élève devrait avoir sa fiche respiratoire, où seraient inscrits, d'une part, son âge, sa taille, son poids ; d'autre part, son périmètre thoracique, sa capacité vitale et la courbe représentant sa respiration dans tous ses périmètres.

M. le Dr Glover préconise la radioscopie thoracique qui constitue un moyen précieux d'exploration physiologique de la respiration ; c'est, non seule-

---

[1] Docteur Raymond Jantelet, Thèse de Lyon, 1901.

ment un guide pour l'orientation du mécanisme vocal, mais un contrôle indiscutable des résultats obtenus.

⤡

Mais il faut songer aussi au trajet que l'air effectue, avant d'arriver aux poumons.

De même que dans la phonation, le nez joue dans la respiration un rôle considérable. Comme observation clinique, disons que les appels de souffle pris par le nez sont rapides, profonds, invisibles et silencieux. Physiologiquement, ajoutons que, tandis que l'air aspiré par la bouche est froid, sec et impur, celui qui passe par le nez, est, par son trajet, réchauffé, imprégné de vapeur d'eau et purifié. Avec lui on n'a jamais « la gorge sèche ». Enfin, ici encore, nous suivons la nature, car c'est par le nez que, naturellement, on respire, sauf qu'il soit obstrué. Et ceci vaut qu'on s'y arrête.

Il est indispensable de veiller à la liberté complète des fosses nasales. Le moindre obstacle amène une irritation, un épaississement des muqueuses ; et, par suite, une gêne dans l'inspiration, avec tendance à l'emphysème. Alors, la respiration devient buccale, le nez s'accoutume à la paresse et se laisse envahir par le catarrhe, le coryza chronique, l'infection. A partir de ce moment, outre le mauvais fonctionnement de la respiration, la résonance est diminuée ; la voix est compromise, — sans compter que, voisines, les trompes d'Eustache sont atteintes, par conséquent les facultés auditives.

Or, nous avons établi les étroites relations qui existent entre l'oreille et le chant. Si l'audition est troublée, il se produit un manque de contrôle sur les muscles laryngiens. L'artiste ne peut plus en diriger le fonctionnement, ni se rendre un compte exact de la hauteur de sa voix : il émettra des notes fausses.

L'état d'intégrité parfaite de l'arrière-cavité des fosses nasales n'est pas moins nécessaire. Il est indispensable que cette cavité soit largement développée. Si elle est, au contraire, rétrécie par l'inflammation, la voix perd de son timbre.

Ce qui se produit chez les enfants nous en donne la preuve. Fréquemment, chez eux, il se développe, dans cette région, une hypertrophie du tissu lympathique, appelée communément : végétations adénoïdes. Ces végétations amènent une véritable sténose des voies aériennes supérieures, diminuant le jeu des muscles et des articulations thoraciques et restreignant l'hématose et les oxydations. Elles entravent non seulement le développement de la cage thoracique, mais encore celui de tout l'organisme. Elles modifient la configuration de la face : le sujet respirant par la bouche, les cavités nasales, qui ne fonctionnent plus, s'arrêtent dans leur croissance, demeurent étroites, les maxillaires s'aplatissent et provoquent l'allongement de la figure (faciès adénoïdien). Le timbre de la voix s'altère aussi ; il reste sourd, nasillard, en même temps que l'articulation est défectueuse.

Ces végétations adénoïdiennes, si elles n'ont pas été traitées pendant l'en-

— 58 —

fance, peuvent persister à l'âge adulte ; elles gênent l'émission de la voix et provoquent des troubles de phonation et d'articulation contre lesquels le savoir du professeur, ni le travail de l'élève ne peuvent rien. Un traitement chirurgical s'impose. Toujours, après ces interventions, nous avons constaté que la hauteur de la voix s'élève de plusieurs notes et que le timbre se modifie de la manière la plus favorable.

❧

Au cours d'une enquête publiée par la *Chronique Médicale,* sur l'initiative de M. le Dr Coupard, qui préconise le chant comme un facteur de la santé générale et de l'immunité bacillaire, plusieurs chanteurs proclamèrent les bienfaits de l'exercice vocal.

Certes ! la tuberculose n'épargne guère ceux qu'elle atteint. Et l'exercice du chant pourrait exposer le malade à une fin plus proche.

Mais à ceux qui ne sont encore que candidats à la terrible maladie, aux prétuberculeux, on peut conseiller de travailler avec un professeur de bonne et sage méthode, qui tiendra compte de leur âge et de leur résistance. Ce travail vaudra l'entraînement respiratoire auquel est exercé le sujet dans les cures d'air.

Voyez les artistes de nos théâtres lyriques : ils ont de larges épaules, de puissantes poitrines (on le leur reproche même parfois dans les rôles poétiques de ces amoureux que l'on voudrait diaphanes) ; ils donnent la sensation de la force, de la santé. On objectera que c'est précisément à cause de cela qu'ils ont de la voix ; mais nous savons déjà que la voix ne dépend pas seulement des muscles, mais aussi du larynx et des résonnateurs.

Je puis citer un exemple qui ne craint pas de contradiction : Un artiste que je connais bien (je l'imagine, du moins) ne trouvait pas, à l'époque de ses débuts, dans la garde-robe de l'Opéra-Comique, de costumes assez étroits pour sa taille ; afin d'amplifier artificiellement son thorax, il avait dû faire confectionner un plastron ouaté, par-dessus lequel il pouvait, alors, revêtir, sans retouches, les habits de ses aînés.

Or, son tailleur, et Charlemont et Filippi m'ont affirmé qu'il mesure aujourd'hui *1 mètre 8 centimètres* de « tour de poitrine ».

Tous les chanteurs n'obtiennent pas de tels développements.

On en voit qui sont, au contraire, d'apparence maladive : sachez bien que leur santé serait plus délicate encore, sans l'exercice bienfaisant du chant.

❧

Voilà donc suffisamment démontrée la nécessité, pour quelques-uns, *d'apprendre* à respirer, à développer la poitrine. Cette étude a pris, peut-être, une allure très scientifique ; c'était toutefois indispensable, puisque nous suivons ce précepte : « l'expérience ne vaut que basée sur la science. »

Les exercices corporels abondent, propres à développer le thorax : les plus rationnels sont ceux empruntés à la gymnastique. La gymnastique ne se pare pas de théories savantes, de phrases compliquées. Elle est simple, naturelle; on ne peut la discuter [1] ?

✥

[1] Voici une série d'exercices que nous trouvons dans une intéressante étude de la gymnastique respiratoire par MM. S. Bernheim et Louis Dieupart.

Des différentes gymnastiques respiratoires. Historique. (Toute cette partie a été puisée dans les très importants travaux du Dr Georges Rosenthal, *Sur la gymnastique respiratoire.*)

En 1893, Léon Derecq, d'Ormesson, publia un rapport au *Journal de Médecine de Paris* sur le traitement de la tuberculose infantile.

Beaucoup d'enfants ne savaient pas respirer. Sous la direction d'élèves de l'école de Stockholm, on leur fit faire des mouvements d'élévation et de rotation des membres thoraciques, mettant en jeu tous les muscles qui concourent à la respiration. Un exemple de l'amélioration : un des petits malades gagna 4 centimètres de circonférence thoracique en quelques mois.

Fernand Lagrange, dans son livre sur la médication par l'exercice, donne quelques mouvements plus complexes de gymnastique respiratoire.

« Faire de profondes inspirations en même temps que le bras se porte horizontalement en avant, puis en haut, en arrière et en bas, de manière à décrire un mouvement de circumduction qui produit le soulèvement de la poitrine par l'action presque passive des muscles qui s'attachent aux côtes et à l'humérus. »

Ce mouvement est très efficace, aussi l'utilise-t-on en Suède même à la fin des séances de gymnastique ordinaire. Les Suédois ont fait sur lui des variantes infinies : debout, couché sur une banquette dure ; passivement, c'est-à-dire qu'un aide fera exécuter les mouvements aux bras ; avec élévation sur la pointe des pieds pendant l'inspiration.

La *fente en arrière* est un mouvement dans lequel le tronc se renverse « dans l'extension forcée, les bras étant fortement portés dans l'abduction horizontale, en même temps qu'une des jambes se porte en arrière de manière à offrir, en s'écartant de celle qui reste fixe, une large base de sustentation. Pendant l'expiration, les bras s'abaissent, le tronc se courbe, les jambes reviennent en ligne, ou même se fléchissent, et le sujet passe de l'attitude grandie à celle croupie qui favorise l'expiration. »

Il y a un mouvement combiné, de telle sorte que seuls les intercostaux agissent. Le malade est couché à plat ventre sur une banquette horizontale, relève la tête et les épaules, les muscles droits de l'abdomen sont ainsi placés dans l'inaction absolue et le malade doit faire tous ses efforts pour l'expiration.

Mouvement de la vis (scrufwridning, en suédois), qui a pour but de combattre l'ankylose des articulations des côtes. Le sujet est assis à califourchon sur une banquette, les jambes immobilisées, et deux aides, le saisissant par les épaules, font faire au tronc des mouvements de torsion sur son axe.

Tels sont les mouvements de gymnastique respiratoire indiqués par Lagrange dans son livre, qui est un des plus importants travaux publiés sur la question en France.

Le traité de gymnastique suédoise de Wide contient un important chapitre sur la gymnastique respiratoire.

Les mouvements qui agissent sur l'inspiration sont les soulèvements et extensions du thorax, les élévations des bras ; les mouvements d'expiration sont les trépidations latérales du tronc et les trépidations du thorax avec soulèvement.

Voici la description d'un des mouvements recommandé par Vuillemin :

« Debout de pied ferme, les mains largement ouvertes et bien appuyées sur les hanches, le pouce en arrière et les coudes effacés pour dégager la poitrine et la porter en avant, faire de profondes inspirations et agrandir tous les diamètres de la poitrine, d'une part, en soulevant les côtes et les épaules au maximum et, d'autre part, en tendant le diaphragme qui s'abaisse ; puis faire de brusques et énergiques expirations en relâchant vivement les muscles expirateurs en contraction. Le propre poids des épaules qui retombent et des côtes qui s'abaissent suffit pour chasser l'air et vider les poumons. Cet exercice respiratoire doit être répété 16 à 18 fois par minute.

Rosenthal prescrit :

« Le sujet étant couché, on lui fera mettre les bras le long du corps, et il exécutera dix respirations diaphragmatiques, l'inspiration pendant que le médecin élève la main droite, l'expiration pendant l'abaissement de la main droite. Au besoin, le médecin appliquera la main gauche sur le ventre du sujet, qui cherchera alors par son effort à soulever cette main. »

Desfosses et G. Santos insistent à leur tour sur cette respiration diaphragmatique ; ils indi-

Longuement, nous insistâmes sur ces questions; c'est qu'elles sont l'objet de combats incessants, acharnés; c'est qu'elles valent d'être discutées, car l'erreur, ici, est grave, dépassant l'art, atteignant l'humanité. Il importe à tout homme de bonne volonté de défendre, par des arguments, les idées qu'il croit bonnes, de s'efforcer, par les moyens dont il peut dis-

quent à peu près le même mode, sauf qu'ils font mettre les mains derrière la tête, et c'est par là que doit commencer l'éducation respiratoire.

Le Dr Rosenthal fait ensuite répéter ces mouvements debout ou assis. Le sujet, les mains sur les hanches, a fléchi le tronc sur les membres inférieurs; et il se redresse dans un premier temps en faisant, avec une profonde inspiration, contracter énergiquement son diaphragme; pendant l'expiration, il revient à son inclinaison primitive. Cet exercice sera répété de 5 à 20 fois.

Dans son travail sur le « développement de l'énergie de la voix par des exercices respiratoires » le Dr Marage ramène à trois le nombre des exercices qu'il déclare suffisants pour obtenir une bonne respiration.

Règles générales. — 1° Dans tous les exercices, l'inspiration doit être faite par le nez, la bouche fermée; dans l'expiration, au contraire, la bouche est largement ouverte;

2° Chaque exercice est répété 10 fois au plus; puis, on passe au suivant; et, comme ce ne sont pas les mêmes muscles qui fonctionnent, le deuxième exercice repose du premier;

3° Chaque jour, loin des repas, on fait dix fois chacun des trois exercices; on se repose cinq minutes, et on recommence une deuxième série des trois mêmes exercices.

Premier exercice. Les bras sont tombants le long du corps, la paume de la main en dedans.

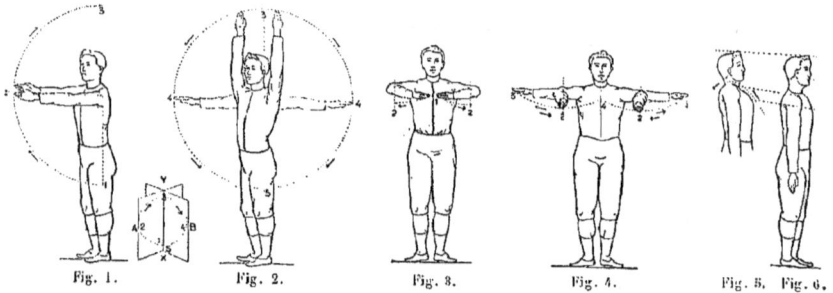

Fig. 1.   Fig. 2.   Fig. 3.   Fig. 4.   Fig. 5. Fig. 6.

a) *Inspiration.* — On fait décrire aux membres supérieurs, placés parallèlement l'un à l'autre, un arc de 180° dans un plan vertical parallèle au plan médian antéro-postérieur du corps (fig. 1, positions 1, 2, 3).

b) *Expiration.* -– On abaisse lentement les bras (fig. 2, positions 3, 4, 5); dans un plan perpendiculaire au précédent; l'air s'échappe lentement des poumons par la bouche ouverte pendant que les bras s'abaissent.

Deuxième exercice. Les avant-bras sont repliés de manière que les extrémités des doigts se touchent sur la ligne médiane, l'avant-bras et le bras se trouvant dans un même plan horizontal; les bras ne changent pas de position.

a) *Inspiration.* — Les avant-bras, dans le plan horizontal des bras, décrivent un arc de 180° (positions 1, 2, 3; fig. 1 et 2).

b) *Expiration.* — Les avant-bras reviennent à leur position primitive (positions 3 et 4, fig. 2).

Troisième exercice. Les deux épaules étant bien à la même hauteur, les bras pendants, la ligne 0-180 se trouve suivant la verticale passant par l'axe du bras.

a) *Inspiration.* — On fait décrire aux épaules un arc de 0 à 180° en avant.

b) *Expiration.* — On fait continuer l'arc de cercle en arrière de 180 à 360°.

MESURES. — 1° Chaque semaine, on mesure le volume d'air le plus grand que l'on puisse éliminer dans une expiration;

2° On mesure le tour de poitrine, au-dessous des seins, à la fin d'une expiration profonde.

Des tables donnent la relation entre la taille, le poids, le tour de poitrine et le volume d'air expiré.

poser, de porter la lumière dans les coins d'ombre, d'associer son expérience — si humble soit-elle — à la manifestation de la Vérité.

⁂

La tâche que nous avons entreprise est loin d'être terminée : admettons que, maintenant, nous savons respirer. Eh bien ! nous n'avons appris qu'une partie — *la moins importante pour nous* — du mécanisme de la soufflerie... Au point de vue exclusif du chant, l'*expiration* joue un rôle plus considérable que l'*inspiration*. Le point capital repose sur la distribution du souffle, sur une juste répartition. La sagesse des nations nous apprend que les plus riches sont ceux-là qui n'ont pas de besoins, que l'économie est un don plus précieux que la fortune. Soyons économes de notre bien et supprimons nos besoins.

Une émission *serrée* exige une grande dépense d'air. A une émission libre, dans l'ampleur de la voix, à une articulation large, il suffit de peu de souffle, « car la respiration est solidaire de l'articulation[1] ». De même, une bonne répartition, une juste ordonnance dans la distribution a raison d'une émission serrée, elle l'amplifie et lui donne la portée. Tout se tient.

Une grande quantité d'air n'est pas nécessaire pour chanter. Une trop longue inspiration est inutile et dangereuse. Le souffle en surabondance — trop difficile à maintenir — ne peut que gêner le chanteur. Tout effort nuit à la qualité du son.

Cette nouvelle éducation ne nous rebutera pas.

L'intensité du son dépend surtout de la force du souffle. Même si le chanteur se trouve arrivé à la limite de tension naturelle des muscles de la gorge et du larynx, même si cette tension est suffisante, la poussée d'air arrive à augmenter l'étendue de la voix par le mécanisme qu'on peut justement appeler la *Compensation vocale*.

Les muscles qui procèdent à l'inspiration combattent ceux qui sont chargés de l'expiration et les empêchent d'agir trop précipitamment. Ils retardent la sortie de l'air, ils en opèrent la distribution. Cet antagonisme constitue, on se le rappelle, ce que Mandl appelait *la lutte vocale*. Nous l'avons vu : dans l'acte *naturel*, l'expiration se fait inconsciemment; dans l'acte *artistique*, au contraire, elle est le facteur de la phonation; non seulement elle la prolonge mais elle en varie l'intensité, afin de modifier le son selon la phrase musicale et selon les voyelles et leurs occlusions, car l'articulation produit des fermetures plus ou moins grandes qui règlent, en quelque sorte, le souffle.

Il importe de maintenir la contraction des inspirateurs pendant l'abaissement du diaphragme dont il s'agit d'assurer, pour ainsi dire à notre gré la fixité, ne lui permettant qu'une lente ascension. On remarquera, comme

---

[1] D' Glover.

un exemple, que cette course de lenteur est facilement et comme inconsciemment obtenue, lorsque l'on *chantonne*.

Dans cet antagonisme, si le son doit être plus fort, il faut accentuer d'autant la contraction des expirateurs qui sortiront facilement vainqueurs de leur lutte contre les inspirateurs. Il en est de même lorsque le son doit être plus élevé, car si la dépense de souffle varie selon l'intensité, elle varie aussi selon la hauteur.

Ici, apparaît l'emploi d'exercices rationnels exigeant l'attention et la force de la volonté. Ils consistent à contracter isolément les inspirateurs et les expirateurs ou à les faire jouer à force égale ou inégale en tenant compte de tous les facteurs de déperdition : la prononciation de certaines voyelles, surtout de certaines consonnes, comme par exemple, B, T, D, P, qui entraînent facilement la perte initiale d'un souffle précieux ; l'attaque même du son, dans laquelle le « coup de glotte », que nous aurons à étudier, offre l'avantage de l'instantanéité.

Ainsi, on obtiendra cette faculté d'indépendance fonctionnelle en laquelle réside le secret de l'expiration.

Le célèbre Caruso tient des notes pendant une durée qui étonne et emballe le public. C'est qu'il sait *distribuer* ; c'est qu'il a une émission libre qui lui *coûte* peu de souffle.

❧

On ne peut ouvrir une « méthode de chant » sans y trouver, parmi les récriminations d'usage, l'anecdote à effet, où il s'agit de ce professeur qui, pour se rendre compte du mode de respiration des élèves ou pour leur démontrer le meilleur, les faisait placer dans la position horizontale, sur le dos, leur installait un volume in-octavo sur le ventre, un autre sur la poitrine et leur commandait de respirer profondément. Et les auteurs déclarent cet homme le plus bouffon du monde, les uns nous disent que les volumes étaient d'énormes dictionnaires, les autres, que c'était une pile de gros livres, sur laquelle on plaçait en équilibre une chaise. Pourquoi pas une armoire à linge ?

« Moi, je ne trouve pas cela si ridicule. »

L'élève soulevait ainsi le livre placé sur la partie par laquelle il respirait. Il est exact que l'imagination de ce professeur était quelque peu extravagante ; il eût été peut-être mieux avisé en employant d'autres moyens de contrôle, mais il est certain que celui qu'il avait trouvé avec tant d'originalité le renseignait infailliblement. Et ce qui m'étonne, c'est... l'étonnement de nos auteurs.

Tournez la page, et, à coup sûr, dans ces « méthodes de chant », vous trouverez sur le corset féminin une longue tirade. Pourquoi ? cette guerre pouvait se soutenir contre l'ancien corset qui « coupait la taille en deux », provoquant une ceinture de durillons, de « rayures » sanguinolentes, et montait si haut qu'il comprimait le thorax par un inexorable et inébranlable

« baleinage ». Le corset moderne, — on peut en plaisanter l'esthétique, — n'est pas défavorable au jeu des poumons. Il présente deux types : l'un exerce une compression légère en haut, au « creux de l'estomac », puis, en bas sur le ventre, qu'il rejette en arrière, il est vrai, mais sans rigueur et sans préjudice, croyons-nous, pour l'acte respiratoire. Et, au milieu de ce chef-d'œuvre moderne de la coquetterie féminine, construit si artistement, avec des matières si souples, si *onduleuses*, la poitrine a toute latitude de se développer à son aise. Il va sans dire que nous parlons ici d'un corset intelligemment confectionné, venant de la « bonne faiseuse ».

L'autre type, adopté par les femmes à silhouette très mince, n'est pas autre chose qu'une ceinture un peu large et extrêmement flexible, avec ou sans « soutien-gorge ». Eh ! ne sait-on pas que nombre de chanteurs ne manquent jamais de s'emprisonner la taille dans une ceinture, qui est, pour eux, comme *un point d'appui* du souffle, un contrôle constant de l'amplitude et de la profondeur de leur respiration?

Le corset, qu'il soit de l'un ou de l'autre type, peut jouer exactement le même rôle.

Puisque voilà une digression amenée au sujet d'un objet de toilette, disons que le col masculin à la mode, le col aux proportions démesurées, à l'altitude hautaine, le carcan enfin, malgré ses apparences, se présente exactement dans les mêmes conditions.

Un chemisier habile, j'allais dire parisien, mettons... anglais, taillera l'encolure, la bande du col, de telle sorte que, le faux-col une fois adapté, n'exerce qu'une compression bien au-dessous du larynx, et, dans toute sa hauteur, les mouvements de la glotte auront la liberté de s'effectuer. Tandis que le *col brisé*, qui affecte des allures paternes et laisse croire qu'il dégage la gorge, présente, au contraire, deux terribles pointes, bien amidonnées, lesquelles, à chaque mouvement du cou, viennent piquer le malheureux larynx, qu'elles enserrent et congestionnent, tandis qu'elles irritent la peau, bientôt couverte de désolantes petites rougeurs, semblables à celles dont nous gratifie le « feu du rasoir ».

⚬

Mais voici un exemple de large inspiration, de respiration normale amplifiée, complète et de « judicieuse distribution de souffle ».

Personne ne songera à le réfuter; il nous vient du grand chanteur Faure, le maître incontesté du *bel canto,* celui qui avait atteint la perfection du mécanisme.

J'ai eu la chance de l'entendre dans les principaux rôles de son répertoire, alors qu'il était dans tout l'éclat de sa gloire.

Au cours de représentations sur une grande scène de province, il chanta le rôle de Méphistophélès de *Faust.*

C'était l'époque heureuse de mes enthousiasmes et de mes dix-sept ans. Ma passion du théâtre et de la musique était telle que j'affrontais la colère paternelle pour aller chanter la romance dans quelque vague concert ou jouer le drame en de reculées sous-préfectures.

« Ça vaut peut-être mieux que d'aller au café » comme dit l'autre.

Mais c'est que j'y allais tout de même au café !

J'allais au Café de la Comédie !

C'est là que je pouvais approcher les artistes. N'y aurais-je rencontré que le souffleur ou le copiste, ils étaient encore des êtres dont j'enviais alors l'existence. Tout passe...

Le jour où l'affiche annonça *Faust*, j'étais de bonne heure au café, derrière une pile de journaux illustrés.

Tout de suite arriva le baryton du Grand Théâtre. Il entra grave, emmitouflé, débordant de graisse dans sa pelisse neuve, les cheveux frisés et la barbe ondoyante émergeant à peine du col de fourrure. Aussitôt, il se plaignit de Faure dont la présence l'obligeait à des répétitions supplémentaires. « Mais, ajouta-t-il, il est un peu essoufflé, *le Maître* (et de quel ton ironique il prononçait ce mot de Maître !) et, ce soir, je l'attends au point d'orgue du duel. Je vais le faire « lâcher » le Maître !

Le soir, Faure interpréta Méphistophélès avec sa maîtrise ordinaire — variant ses effets — ne laissant dans l'ombre aucune nuance, chantant avec une rare homogénéité et, n'en déplaise à notre baryton, d'une fort belle voix.

Arrive la scène du duel. Valentin paraît sur le seuil de la porte : « Que voulez-vous, messieurs ? » se met-il à hurler. Faure, surpris, fait un mouvement, mais comprend de suite, se remet, et, de son timbre le plus modulé, en *mezza-voce*, avec un charmant esprit ironique, il répond :

« ... Pardon, mon camarade,
Mais ce n'est pas pour vous qu'était la sérénade ! »

Le dialogue se poursuit, Valentin soufflant de tous ses poumons, gonflant son cou, prêt à éclater, et ce diable de Méphistophélès ricanant d'une voix claire, s'appliquant à l'articulation et redoublant d'ironie jusqu'à l'ensemble des trois voix et, enfin, jusqu'au point d'orgue final.

Alors, à la stupéfaction du public et de ses partenaires, Faure prend une respiration profonde ; au lieu de donner le si bémol de la basse, il attaque résolument à l'unisson avec le baryton et tient la note si longuement que Valentin reste sur le carreau, entraînant dans son effondrement le pauvre Faust, ahuri, tandis que Méphistophélès, triomphant, termine, seul, le point d'orgue aux acclamations du public.

LA PHONATION

POSE DE LA VOIX. ATTAQUE. ÉMISSION. APPUI. PORTÉE.

La voix ne vaut que par le timbre, non par le volume. C'est ici qu'il ne faut pas confondre *quantité* avec *qualité*, ni *force* avec *ampleur*, *volume* avec *portée*.

Il n'est pas de grandes voix; il n'y a que des voix timbrées.

Les voix timbrées, seules, s'épanouissent en un grand espace.

L'art consiste à porter loin sa voix et non pas à chanter fort.

Rien de beau comme l'ampleur; rien d'intolérable comme la force : c'est la brutalité dans le chant.

La force est le résultat d'une poussée excessive sur des organes serrés que l'on violente. La voix, alors, n'est produite que par l'effort et fatigue promptement le chanteur... et l'auditeur.

Tout chanteur qui se fatigue n'est pas un chanteur. Tout chanteur qui se fatigue est fatigant.

L'ampleur s'obtient, avec la souplesse du larynx, par l'augmentation des cavités pneumatiques et par l'articulation.

Chanter avec ampleur, c'est reposer sa voix.

Parmi l'orchestre au grand complet, alors que les trombones ont éclaté en fanfare, que les cuivres se sont déchaînés, après le grand tumulte, une phrase mélodique se détache, une sonorité claire arrive à notre oreille : c'est le frêle hautbois, au timbre pénétrant.

❧

Un son a trois phases :

1° Une phase organique : le point de départ;

2° Une phase aérienne : intermédiaire entre le point de départ et le point d'arrivée;

3° Une phase auditive : le point d'arrivée, l'oreille;

Le but unique poursuivi, dans la formation de la voix, est de parvenir à la rendre belle. A cet effet, l'appareil phonateur est simultanément mis au service de deux causes : maintenir une poussée d'air, prendre la disposition favorable à l'éclosion de la sonorité. Il est clair qu'il doit y avoir, entre les deux causes, un rapport constant et coordonné qui *appareille* les parties phoniques.

Nous avons assez longuement étudié la respiration pour la pouvoir régler selon nos besoins, la mettre en harmonie avec la résistance musculaire, en équilibre avec l'*attitude* des résonateurs et obtenir, alors, une accommodation, un « appareillement général[1] » de tous les organes phonateurs.

Répétons-nous : le son vocal, comme tout autre son, comprend trois conditions inséparables : hauteur, intensité, timbre.

La hauteur est obtenue par la tension et le rapprochement des muscles vibrants (la poussée de l'air y peut contribuer); l'intensité est la résultante de la soufflerie pulmonaire (équilibrée avec un appareillement général, nous venons de le dire); et, le timbre dépend surtout des résonnateurs sus-glottiques. Ces trois conditions peuvent être modifiées : le son, engendré par le souffle passant sur les vibrateurs, n'est définitif que lorsqu'il sort des lèvres, c'est-à-dire après avoir parcouru tout un espace où il subit de nombreuses modifications. Ces modifications sont de plusieurs sortes : les *naturelles*, qui ont pour cause la conformation propre de l'appareil vocal et les *acquises*, dues aux différentes attitudes, aux divers mouvements, aux transformations apportées par le chanteur lui-même dans les organes vocaux, pendant la phonation.

Ainsi, le timbre (cette qualité particulière à chaque individu, qui est au son vocal ce que les traits sont au visage, qui permet de reconnaître une voix entre mille, qui donne ou refuse le charme, qui suffit souvent au succès), le timbre est dû, en petite partie, à la vibration initiale du larynx, mais surtout à l'amplitude, à la forme, aux proportions des cavités du pharynx, du palais et des fosses nasales, à la qualité des muqueuses, aux mouvements de la bouche, de la langue, à tout ce que le son rencontre depuis sa formation jusqu'au moment où il expire sur les lèvres.

On peut dire de celui qui a une belle voix qu'il doit cet avantage à une disposition privilégiée de la cavité bucco-pharyngée.

Par le travail appliqué aux formes *acquises*, on arrivera à modifier, à amplifier le timbre, à l'améliorer, en améliorant la fonction des résonnateurs.

On voit l'importance que prend le « placement de l'appareil vocal ». Il se fait en même temps que l'aspiration. Il consiste, en deux mots, à ouvrir largement le fond de la gorge, modérément la bouche.

En soulevant le voile du palais, organe essentiellement mobile, on sépare le nez de la gorge, le son passe normalement par la bouche : c'est un son vocal pur. En le laissant retomber, on sépare la bouche de la gorge, le son passe par le nez : c'est le nasonnement.

A soulever le voile du palais, qui remonte ainsi le plafond de la chambre

---

[1] Cette appellation est employée dans la méthode de M. Faure, mais pour tout autre objet que le nôtre.

de résonance, tout en abaissant la langue, ce qui abaisse le plancher, on augmente la capacité. Le larynx est lié à la langue. Celle-ci retombe inerte, derrière les dents, moelleuse... ou prend les attitudes favorables à la formation des différentes voyelles. Le larynx, fixé, « ramassé » sur lui-même, n'est pas dangereusement tendu et il se trouve dans une position favorable aux multiples mouvements de bascule auxquels se livrent ses différents cartilages.

En même temps que le fond de la gorge s'amplifie en hauteur, il doit s'amplifier en largeur. Comme on le constate si l'on examine une gorge en abaissant la langue avec une cuiller, en même temps que le voile du palais se soulève, les piliers se portent en dehors.

Ainsi, s'offre à la voix un large espace, une sorte de pavillon comme pour les instruments à vent, où elle va se former librement.

Voilà qui est simple. Pourtant, aux yeux de jeunes élèves, cette position paraît compliquée. C'est qu'ils sont enclins à supposer qu'elle exige un effort. (Toute sonorité qui exige un effort doit être rejetée.)

Cherchons, parmi de nombreuses images, celles qui peuvent le mieux frapper leur esprit.

On peut recommander la forme du bâillement dissimulé — qui ouvre largement le fond de la gorge et modérément la bouche. Et si l'élève, s'entraînant à cette position, esquisse — comme il arrive souvent — un bâillement véritable, félicitons-nous du résultat et résignons-nous à faire bâiller notre auditoire.

Peut-on risquer la comparaison avec le mouvement que — bien malgré soi — on accomplit sur le paquebot, par un vent contraire, pendant la traversée de Calais à Douvres, ou simplement du Havre à Trouville, alors que le matelot, préposé à ce service, vous a tendu la... cuvette ? — Servez-vous du fond de votre gorge comme d'un réflecteur qui renvoie, non pas de la lumière, mais du son. — « Ah, je comprends, s'écriait un élève, vous voulez que le haut de mon palais fasse l'abat-jour. » Et une jeune fille : « C'est comme chez le docteur, lorsque je lui montre ma gorge. »

Tout cela est fort juste : ces mouvements sont les bons, ils sont seulement exagérés... Il faut ajouter que, la tête étant naturellement posée, le regard droit devant soi, on doit avoir soin, en abaissant le menton, de faire suivre le mouvement à la tête, de « l'encapuchonner ». Cette position est favorable à la souplesse du larynx, en même temps qu'à la bonne résonance.

Voyez les chanteuses à roulades, lorsqu'elles s'élancent à l'ascension de « traits périlleux », pour l'exécution, par exemple, d'une gamme ascendante de « notes piquées » Elles baissent instinctivement la tête, en même temps qu'elles lui donnent ce mouvement bien connu d'oscillation, approprié a une telle acrobatie. C'est qu'elles ont la sensation que, en tendant le cou, à l'une de ces attaques rapides, dans l'échelle extrême de leur voix, elles « craqueraient » le son.

Cela ne veut pas dire que l'on doive tenir constamment la tête baissée — mais simplement qu'il ne faut jamais tendre le cou, ni lever le nez. La tête prendra la position la plus favorable à l'émission et à la portée de la voix et le mieux appropriée à la situation dramatique.

❧

Nos poumons étant remplis d'air et notre appareil vocal *placé*, empressons-nous d'attaquer le son.

Attaquer le son... voici encore un sujet de controverses :

Faut-il attaquer par l'*expiration simple* ou avec le secours du *coup de glotte?* Des deux façons, selon le cas.

Ne nous attardons pas à d'inutiles théories de l'expiration. Pour le *coup de glotte*, plus mystérieux et assez mal dénommé car son appellation peut paraître synonyme d'effort, disons, rapidement, qu'il consiste en une tension et un rapprochement des bords de la glotte, vivement suivis d'une subite poussée d'air.

Avec l'expiration, on évite le risque de serrer la gorge, on obtient la souplesse si favorable au « moelleux » du son.

Mais il est impossible d'éviter — ce qui est grave — une certaine déperdition de souffle, dès l'attaque, qui ne peut être instantanée, ni la justesse toujours irréprochable.

Avec le coup de glotte : instantanéité et netteté d'attaque, explosion des voyelles aussi spontanée que celle des consonnes, justesse immédiate du son, aucune déperdition de souffle. Sur ces brillantes qualités, une ombre : le danger de tomber dans l'exagération, ou seulement dans une exécution inattentive ou maladroite, et d'amener ainsi la sécheresse, la dureté, l'écrasement du son. Il est important de ne pas confondre le coup de glotte avec le coup de poitrine ou le « coup de larynx » selon l'expression de M. le Dr Castex. Mais, pour posséder un doigté vigoureux, le pianiste est-il forcé de jouer brutalement? Les violonistes ne posent-ils pas l'archet sur la corde d'une manière instantanée, à la fois, et souple pour en tirer un son vibrant et moelleux ? Il ne leur est pas indispensable, pour la netteté d'un *pizzicato*, de faire grincer leur instrument, et M. Faure nous fait remarquer qu'ils pincent leur corde, non pas avec l'ongle, mais avec le gras du doigt.

Le coup de glotte demeure donc le mode d'attaque à adopter, sauf sur les notes extrêmes de la voix qui s'accommoderaient mal de ce système : pour le coup de glotte, nous avons dit que les bords vibrants sont rapprochés. Or, dans la voix « de tête », la glotte, au contraire, est ouverte. Ce principe élémentaire est ignoré de ceux qui demandent l'attaque « en tête » par le coup de glotte. Il est aisé d'imaginer les désordres qui résultent d'une telle pratique.

Il est certaines sonorités qui appellent une attaque moelleuse, plus facile à obtenir par l'expiration.

Là où se trouve « l'effet », il faut employer le moyen qui lui est propre. Comment choisir ? Le goût seul peut servir de règle.

❧

En émettant le son, il faut se préoccuper de lui donner un *appui*. C'est l'endroit où la colonne d'air, lancée par les poumons, conduite par les bronches et la trachée, trouve, après avoir traversé le larynx distributeur, sa *résistance*, où elle vient *adhérer*, où elle rencontre son *point d'appui*. On dit de certaines voix qu'elles sont *appuyées* dans la gorge, dans la tête, dans le nez, lorsque leurs résonances semblent se produire plus spécialement dans l'une de ces cavités. On dit qu'elles ne sont pas *appuyées* lorsque leur résonance est incertaine, qu'elles ne *tiennent* pas, qu'elles sont mal équilibrées, — question d'autant plus importante que les défauts d'intonation, facilement attribués à une perversion ou une insuffisance de l'oreille, proviennent presque toujours d'un mauvais appui ou d'un renforcement inopportun ; et que, de cet appui, dépendent la santé et la durée de la voix : la carrière de l'artiste.

Le point d'appui doit se fixer dans la cavité pharyngienne, sur toute la muqueuse buccale et nasale. C'est là, « dans le masque », selon l'expression connue, que la voix rencontrera son adhérence. Elle s'y fixera *par la volonté*, et, avec le secours des organes mobiles soumis, elle se produira en manifestations extérieures. Elle y trouvera son unité, son timbre, son intensité, sa portée, toute sa valeur. Elle bénéficiera d'un écho dans la poitrine et dans toutes les cavités sous-glottiques et, après sa sortie des lèvres, elle rencontrera encore bien d'autres échos.

La colonne sonore est un jet qui vient frapper au plafond du palais.

⚓

Nous avons parlé d'*Unité*.

C'est que l'unité de la voix doit être l'objet des ambitions de tout artiste. Rien de plus beau qu'une voix homogène, égale du bas en haut de l'échelle. Rien de plus insupportable que les différences nettement accusées, selon les tessitures.

Eh ! bien, le principe de la phonation est *un*. L'appui doit être unique et ne différer, dans ses variétés d'application, que par les divers renforcements.

Et cette unité ne se peut obtenir que par l'attaque *dans le masque* de toute la voix.

Là se trouve le moyen de supprimer « les passages et les différences de registres » dont nous allons avoir à nous occuper avec attention.

Que l'on ne vienne pas objecter que les basses ou les contralti, par exemple, ne peuvent émettre, autrement qu' « en poitrine », leurs notes profondes ? Il serait aisé de répondre qu'ils ne *peuvent* donner une belle note, grave, ample, moelleuse et sonore *qu' « en tête »*, sauf à la renforcer dans les cavités sous-glottiques.

Et c'est ici que se produit la plus grave confusion de l'enseignement actuel du chant : des sons « de tête », ainsi renforcés, passent pour des sons « de poitrine » ; on évoque les belles sonorités des contralti d'autrefois. Or, jamais, aucune des célèbres artistes que l'on nous cite, n'a fait usage — si ce n'est exceptionnellement et pour un effet spécial — de la voix « de poitrine ». Sa carrière eût été si courte que son nom ne fût point parvenu jusqu'à nous !

Les bons chanteurs confessent que les notes élevées, lorsqu'elles se trouvent sur une syllabe favorable à leur épanouissement, *préparent* la résonance des notes graves qui suivent.

La voix tout entière peut se donner « en tète ».

Combien de notes se peuvent donner, en « poitrine » ?

Le mécanisme est facile : il suffit, en chantant sur une note grave, de songer à la note qui correspond à celle-ci une octave ou même deux octaves plus haut. Dans une gamme ascendante, il faut, au départ, émettre la note grave de telle sorte qu'on ait la sensation *qu'il n'y aura rien à changer* pour arriver à l'extrémité supérieure de la voix.

Dans une gamme descendante, c'est plus facile encore. Il suffit de garder, en descendant, la résonance d'en haut, en s'appliquant à ne rien changer, et la nature fait le reste...

Il est stupéfiant de constater combien de chanteurs — et plus encore de chanteuses — ont été éduqués à appuyer avec effort leur voix, à serrer la gorge, à « gratter » sur le larynx. C'est aussi absurde que si, pour tirer plus de son d'un violon, on écrasait la corde sous l'archet.

Le médium est la base de la voix.

Ce principe connu, recommandé dans toutes les méthodes, est généralement mal compris, mal appliqué.

Sous prétexte de renforcer cette base, on y appuie de telle sorte qu'elle ne tarde pas à former une voix à part, entourée de fossés bientôt infranchissables ; car donner un appui particulier à une partie de la voix, c'est empêcher les autres de se développer, c'est contraindre celle-ci à demeurer dans la forteresse.

⚜

Donner de la portée à sa voix, c'est la faire pénétrer dans la salle et prendre celle-ci comme le dernier et principal appui, comme la véritable cavité de résonance.

Le jet sonore vient frapper au plafond du palais, qui doit le renvoyer en cascades dans le théâtre.

Quels mouvements physiologiques amèneront ce résultat ?

Delmas dit : « Fixez un point au fond de la salle. Ayez la volonté d'y *envoyer* votre voix. Immédiatement le travail se fera, les attitudes seront prises. »

Chantez donc comme si toutes les portes étaient ouvertes : celles de la poitrine, du larynx, de la tète et aussi de la scène, de l'orchestre, de la salle. Chantez pour le vieil abonné du fond, qui est sourd. Chantez pour les ouvreuses, pour les employés du contrôle, chantez pour le public qui passe sur la place du théâtre. Chantez largement, sans effort, avec la volonté de mettre en avant des sonorités claires et libres.

Sombrer la voix, la garder dans la bouche et pousser pour la faire sortir,

c'est imiter le violoniste qui, ayant mis une serviette dans la caisse de son instrument, gratterait les cordes pour leur faire rendre du bruit.

Chantez pour tout ce qui vous entoure, tout ce qui est devant vous ; tout
concourra à la sonorité, tout vibrera, tout résonnera.

Extériorisez votre voix, comme vous extériorisez votre articulation (nous
verrons tout à l'heure que l'articulation donne la portée), vos jeux de physio-
nomies, votre émotion.

Acquérez la faculté de « transporter votre oreille » dans la salle, vous
jugerez de l'effet que vous y faites, et, si vous avez la sensation que votre voix
porte (vous sentirez, en même temps, que vous obtenez cela sans effort),
c'est que votre instinct vous aura bien guidé ; vous aurez fait, alors, les mouvements physiologiques propres à votre anatomie et favorables à votre chant.
Cette fois encore l'effet aura amené la cause. Vous aurez chanté largement,
sans effort.

Et si vous avez usé d'une franche et nette articulation, votre voix sera
posée. Elle sera *en avant*, ainsi que l'on aime dire dans l'enseignement.

Le chanteur *placera* véritablement sa voix, s'il se persuade bien, et s'il
ne perd pas un instant de vue, que le son est formé dans le larynx, qu'il est
modifié et amplifié par les cavités buccales et nasales, mais que le *véritable
résonnateur*, c'est : *la salle*.

Les paysans, aux champs, s'interpellent sans effort, à des distances consi-
dérables. Les marins, par un temps calme, se font entendre de très loin. L'eau,
il est vrai, favorise cette résonance. (A Venise, sur la lagune silencieuse, on
peut, d'une gondole à l'autre, communiquer, *sur le ton de la conversation*,
à des distances vraiment stupéfiantes.) Les ramoneurs ne donnent-ils pas une
portée spéciale à leur cri pour pouvoir traverser nos étages et atteindre le
toit par d'étroits tuyaux coudés, aux parois rugueuses ? Et ne voyons-nous pas
les marchands de tonneaux se léguer, de père en fils, le secret de la belle émission ?

L'un des étonnements du débutant, c'est, en donnant, pour la première
fois, la réplique aux artistes qu'il connaît déjà, de constater que certaines voix
qu'ils croyaient grandes, de l'autre côté de la rampe, sont, le plus souvent, peu
volumineuses. Alors, il se rend compte de l'importance du timbre, de la portée
véritable de la voix.

Ce qui s'applique à une « bonne salle » est plus nécessaire encore dans
une « mauvaise » ; or, celles-ci sont nombreuses, car les architectes, convaincus
que la sonorité d'un théâtre ne dépend pas de sa construction, de sa forme,
de ses proportions ni des matériaux employés, laissent au hasard le sort de
l'acoustique.

Il faut à l'artiste une telle expérience de la portée de sa voix, que, dans une
salle où il paraît pour la première fois, il se rende compte, à la dixième mesure,
de son acoustique, et s'y fasse entendre comme s'il avait, depuis longtemps,
l'habitude d'y chanter.

Encore une fois, cela confine à « l'éducation de l'oreille ».

REGISTRES ET PASSAGES

VOIX DE POITRINE, MIXTE, DE MÉDIUM, DE TÊTE, DE FAUSSET, VOIX SOMBRÉE,
OU CE QUE L'ON APPELLE AINSI PAR ERREUR...

Ici, nous nageons en pleine obscurité.

N'allons pas nous noyer dans les ténèbres ; et, impitoyable aux errements, dédaigneux des traditions, efforçons-nous à un peu de lumière...

C'est en matière de chant qu'il faut se garder de prendre les mots pour les choses. Presque tous les termes dont on s'est servi dans l'enseignement sont impropres. Ceux qui, les premiers, les employèrent prétendirent rendre les impressions telles qu'ils les éprouvaient : malheureusement, ces impressions étaient fausses. Il n'est pas rare d'entendre des chanteurs — semblables aux malades qui s'appliquent à situer leur mal où il n'est pas — dire qu'ils tirent leur voix du fond de leur nez, de derrière la tête, du cou, de l'épigastre ! Pourquoi pas des genoux ?

Or, ces appellations sont demeurées, même après que leur impropriété fut reconnue, contribuant ainsi à fausser l'esprit des élèves, à perpétuer les incertitudes.

Comment remonter le courant ? Laissons à d'autres, plus autorisés, la tâche de difficiles réformes et, humblement, continuons, pour nous faire entendre, à parler la langue barbare.

On appelle « registre une suite de sons qui, obéissant au même principe mécanique, ont la même résonance. »

« Pour traduire anatomiquement et physiologiquement cette expression traditionnelle, ce vieux mot, on peut dire que c'est une attitude vocale spéciale des organes de la formation verbale, variant avec la tonalité laryngienne (et qui commande, qui règle la respiration). La notion de registre est inséparable de la notion d'une *attitude vocale*, spéciale à un mode d'émission particulière » ([1]).

Autant de registres, autant d'attitudes.

Les *Passages* seraient constitués par les notes intermédiaires unissant les différents registres.

Sur ces points, les méthodes ne se prononcent guère clairement —

[1] Dr Glover.

10

M. Faure, lui-même, dont l'opinion eût été péremptoire, reste muet à cet égard — et, médecins, professeurs, artistes se livrent, depuis longtemps, à des controverses qui surprennent ceux auxquels cette question apparaît comme peu compliquée...

※

Deux registres fondamentaux semblent préoccuper les professeurs et les laryngologistes : le registre de poitrine et le registre de tête. Mais on en reconnaît d'autres...

Une voix est dite voix de *poitrine*, parce qu'elle donne l'impression de résonner *en bas*; cela à cause des renforcements qu'elle y rencontre, car nous avons démontré que le thorax ne peut être *producteur* du son.

Une voix est dite voix *de tête* parce qu'elle résonne *en haut*. Ne croyait-on pas qu'elle se produisait au-dessus du larynx, au niveau du voile du palais ?

La voix dite mixte ou de médium (par ailleurs, on appelle voix mixte les sons donnés en demi-teinte) est, pour quelques-uns, une voix intermédiaire; d'autres prétendent qu'elle est assimilable à la voix de poitrine et appartient aux notes élevées de celles-ci; d'autres encore affirment qu'elle tient des deux registres.

Pour le fausset, détesté des Italiens, et dont on ne trouve plus l'application de nos jours, c'est « une voix artificielle, une imitation par un larynx masculin des sonorités féminines, due à une contraction énergique du palais, avec la fermeture des conduits nasaux et une disposition buccale particulière où les joues tendues vibrent avec force »...

On nous parle aussi de *voix sombrée*.

La voix est sombrée dans tous les registres si le chanteur la donne ainsi. Il y parvient en la grossissant, en l'enflant dans les joues et en faisant subir à sa bouche une déformation. Et tout cela pour obtenir des sons qui n'ont pas de portée, si ce n'est dans la seule oreille de leur auteur. La voix peut être claire ou sombrée selon le sentiment qu'elle veut exprimer et selon qu'elle est émise sur une voyelle ouverte ou fermée. On ne pourrait chanter sur toute l'échelle, dans l'une de ces formes exclusivement, qu'à la condition de dénaturer les voyelles. Comment chanter clair sur *ou*? Comment chanter sombre sur *a* ?

Cette appellation de voix sombrée correspond encore à une impression et augmente inutilement le nombre des termes que multiplient les professeurs.

L'un deux — parmi les plus expérimentés et les plus consciencieux — avait imaginé un « Tableau synoptique des Registres » où se trouve, pour les hommes : Poitrine, palatal, sombré. Pour les femmes : Poitrine, mixte, tête, coupole (!)

※

On admet donc que la voix ne peut franchir certains *passages* sans que le mode de production en soit modifié. Cela, depuis que l'art du chant est cultivé, on nous l'affirme, *empiriquement.*

Physiologiquement, nous dit-on, les mouvements exacts qui amènent des changements, et les endroits précis où ils doivent s'exécuter?

Chacun présente ses observations personnelles. Les avis varient avec chaque spécialiste, ne se rencontrant d'accord que sur deux points : l'obscurité et la difficulté d'exécution.

Pour donner une idée de certains errements, il suffit de savoir qu'il existe des « méthodes » où il est recommandé de bien faire sentir le passage, de façon à délimiter les registres, et, à telle note, de changer ostensiblement et brusquement le mode de production, ce qui, pour nous, revient à dire qu'il est au moins inutile d'avoir une voix unie et homogène.

L'enseignement offre bien des surprises, mais il faut avouer que celle-là dépasse toute attente.

⚜

Tandis que les physiologistes (Müller, Mandl, Bataille, Vacher, Kochz, Meyer, Loch, Martel, Gougenheim, Lermoyer, etc..., etc. n'admettent que deux registres, les musiciens les multiplient. Voilà une contradiction dont il est impossible de n'être pas frappé. Le contraire nous surprendrait moins.

Le larynx n'exécute qu'un mouvement imperceptible pour l'observation laryngoscopique, toujours si difficile et si sujette à errer, car il est impossible d'obtenir une gamme *entière* d'un chanteur, dans la gorge duquel on a introduit un encombrant laryngoscope et on est obligé de déterminer les positions de l'instrument par des attaques de notes *séparées*, et sur un grand nombre de sujets.

Aux difficultés d'exécution s'ajoutent les difficultés d'examen, lorsqu'il s'agit d'un objet si petit, si éloigné de l'œil et qu'on ne peut observer qu'avec le secours indirect de miroirs.

Il est aisé de comprendre que les chanteurs n'aient pu profitablement faire cette étude sur eux-mêmes et d'expliquer l'insuccès de l'autolaryngoscopie.

Le Dr Michael, de Hambourg, reconnaît quatre registres, placés, chacun, sous la dépendance d'un muscle directeur.

« 1° *Registre grave de poitrine,* qui n'a pas de muscle chef, l'occlusion de la glotte n'étant pas complète par les notes de ce registre.

« 2° *Registre élevé de poitrine,* sous la dépendance de l'ary-aryténoïdien.

« 3° *Registre du médium,* sous la dépendance du thyro-aryténoïdien.

« 4° *Registre de tête* sous la dépendance du crico-thyroïdien, auquel l'ary-aryténoïdien prête souvent son concours. »

Là, il n'est pas question de résonnateurs.

Pour les sons graves, les bords vibrants de la glotte s'épaississent, se rapprochent et ne laissent entre eux qu'un petit intervalle, sauf un léger écartement en arrière.

— 75 —

Dans les sons élevés, au contraire, ils s'amincissent, s'écartent légèrement l'un de l'autre, en avant, et se rapprochent en arrière.

On sait que les bords de la glotte se raccourcissent légèrement et se tendent à mesure que la voix monte. Si l'on adopte la théorie de *l'anche vocale*, la question se résume en deux mécanismes : anches courtes, anches longues. Gougenheim et Lermoyer ont établi la formule suivante :

Voix de poitrine :

Larynx contracté et pharynx relâché.

Voix de tête :

Larynx relâché et pharynx contracté.

Voilà ce que prétend établir la physiologie. Mais les examens laryngoscopiques ont fait constater de nombreux cas où cette règle est bouleversée.

☙

Il y a là un malentendu, on prend l'effet pour la cause. Il ne s'agit que d'une question de quantité — d'articulation — de voyelle — de timbre...

Déblayons : oui, il existe souvent dans la voix humaine, à l'état inculte, un point où se trouve une soudure. C'est le moment où le chanteur, parti du bas de son clavier, atteint les notes supérieures. Cette substitution se fait automatiquement, inconsciemment si l'élève a la rare, très rare, bonne fortune de posséder une voix naturellement bien émise dans toute l'échelle, ou d'après une progression méthodique que détermine l'éducation. Ce point de soudure est le même pour l'homme et pour la femme entre le *mi* bémol et le *fa* dièze 3. (Rappelons que la femme chante une octave plus haut que l'homme.) Pour les basses et les barytons, vers l'extrémité supérieure de leur voix ; pour les ténors, vers l'extrémité du second tiers, et pour les femmes, tout de suite après leurs notes les plus graves. — Nous ne voulons pas nous attarder à un soi-disant passage de la voix féminine, une octave plus haut. Voilà qui est simplifié. On rencontre, en outre, au cours de la gamme vocale, divers points, où l'équilibre de la résonance demande un mode particulier de phonation, variant avec les voyelles.

Les changements s'opèrent par la contraction du muscle crico-thyroïdien qui tend les cordes vocales et par une attitude des résonnateurs, qui donnent le timbre (d'autres mouvement doivent se produire, par ailleurs, qui ne sont pas encore déterminés par les physiologistes). Si un *passage* est très marqué c'est que le muscle en question a été brusquement contracté. Si le crico-thyroïdien s'est tendu progressivement et si, à ce mouvement, a correspondu la bonne attitude des cavités buccale et nasale, il n'y a plus ni registres ni passages, mais une voix entièrement unie et homogène.

Ainsi, nous établissons qu'*il n'y a pas de registre* — ou *qu'il y en a un à chaque note* de la gamme, puisque chaque note a son mécanisme qui lui est particulier, puisque les élèves qui chantent bas n'ont, le plus souvent, ce défaut que parce que leur entendement ne les conduit pas au mécanisme exact qui est favorable à *chaque note*, quelle qu'en soit la tessiture. Ils font du *poitrinage*, ils sont *en retard* sur leur gamme. Ils accommodent leur voix sur telle tonalité, comme ils devraient l'accommoder une tierce ou une quarte plus bas.

TABLEAU APPROXIMATIF DE LA CLASSIFICATION DES VOIX

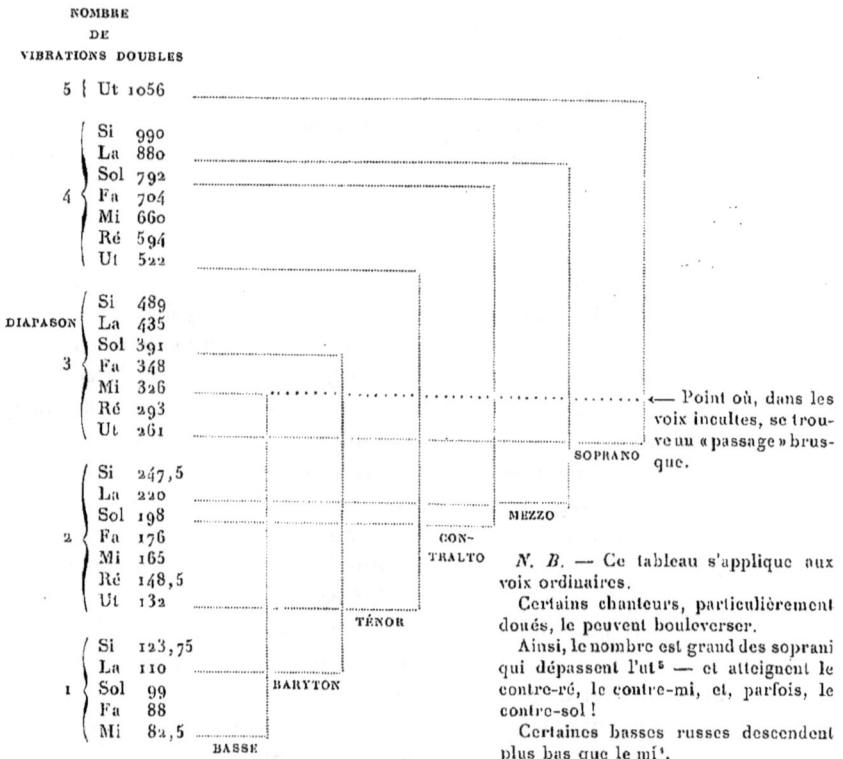

NOMBRE
DE
VIBRATIONS DOUBLES

5 {	Ut	1056

	Si	990
	La	880
	Sol	792
4 {	Fa	704
	Mi	660
	Ré	594
	Ut	522

	Si	489
DIAPASON	La	435
	Sol	391
3 {	Fa	348
	Mi	326
	Ré	293
	Ut	261

←— Point où, dans les voix incultes, se trouve un « passage » brusque.

SOPRANO

	Si	247,5
	La	220
	Sol	198
2 {	Fa	176
	Mi	165
	Ré	148,5
	Ut	132

MEZZO

CON-TRALTO

TÉNOR

N. B. — Ce tableau s'applique aux voix ordinaires.

Certains chanteurs, particulièrement doués, le peuvent bouleverser.

Ainsi, le nombre est grand des soprani qui dépassent l'ut[5] — et atteignent le contre-ré, le contre-mi, et, parfois, le contre-sol !

Certaines basses russes descendent plus bas que le mi[1].

	Si	123,75
	La	110
1 {	Sol	99
	Fa	88
	Mi	82,5

BARYTON

BASSE

L'union des registres, disons plus justement l'unité de la voix, se borne donc à l'éducation du muscle crico-thyroïdien, à sa contraction progressive, et à la gymnastique des attitudes qui doivent le seconder.

Mais de quelle théorie utile pourrions-nous encombrer notre travail? Rien de tout cela n'est malaisé avec le concours d'une oreille exercée, d'une impeccable sûreté de perception, d'une expérience, enfin, de... professeur. C'est au professeur, en effet, qu'il appartient d'appliquer l'exercice propre à chaque sujet; car, il est chimérique de penser qu'il soit possible d'établir des règles, lorsqu'il s'agit d'un instrument aussi variable, aussi fragile et aussi capricieux que celui de la voix.

Et pourquoi mettre en « petits paquets » l'échelle d'une voix? Delmas, félicitant l'un de ses confrères sur l'unité de son émission, lui disait : « Vous avez une grande connaissance de votre voix; chez vous, pas de heurt, pas de différence de registres. Vous avez un petit tiroir pour chaque son. Vous tirez le tiroir. Le son s'épanouit ».

Pourquoi cette supercherie d'une distinction entre la voix de poitrine et la voix de tête, tout au moins comme deux voix complètes différentes et non comme deux sortes de quantité vocale ou simplement de tessitures : la tessiture grave et la tessiture aiguë? A cette dualité de voix, se laissent aller certains chanteurs — lorsqu'on ne les y entretient pas. Répétons-nous : *Affirmer cette dualité, c'est prendre l'effet pour la cause.*

⚶

Il n'y a pas, il ne doit pas y avoir *des voix*. Il y a *la Voix*.

Tout individu normal a une voix dont il se sert, sans y avoir jamais songé, pour parler. Cette voix est *une*, de bas en haut de l'échelle. A certains points, il a la faculté — il éprouve la nécessité, dirons-nous — de produire des renforcements, par les diverses attitudes des cavités dont nous venons de parler et dont il fait plus spécialement une source d'amplification.

Un son grave résonne, les cordes détendues, avec la poussée minima : dans cette attitude, les cordes ne supporteraient pas une soufflerie violente. Le renforcement est obtenu, avec le relâchement général de l'appareil vocal, par l'augmentation de capacité des cavités inférieures : pharynx, trachée, etc... les parois du thorax sont agitées — on peut le constater en appuyant la main sur la poitrine du chanteur. Si celui-ci est assis on sent, à certaines notes basses, vibrer la chaise elle-même. Ainsi que dans la note la plus élevée, *la colonne d'air, comme un jet, vient frapper le palais* et se répandre en cascades dans la salle.

Plus haut, pour les voix d'hommes, par exemple, on se trouve jusqu'au *la²* dans l'échelle appelée voix de poitrine. Le renforcement est obtenu par l'attitude des cavités thoraciques et cervicales inférieures. La soufflerie est plus forte, les cordes plus tendues. *La colonne d'air, de la même manière qu'un jet d'eau, vient frapper le palais.*

Du *la* ou *si* bémol, au *mi* ou *fa³*, nous sommes, croyons-nous, au registre dit de la voix mixte. Peu à peu, aux cavités thoraciques se substituent les cavités cervicales. Ainsi est obtenu le renforcement, tandis que les cordes se tendent de plus en plus et qu'augmente la soufflerie. *La colonne d'air, comme un jet, vient frapper au palais.*

Enfin, voici la « voix de tête » (fa³) où les renforcements thoraciques sont abandonnés, où la glotte se détend, où, jusqu'à l'extrémité de l'échelle les cavités cervicales vont nourrir la sonorité, où intervient une série d'attitudes nouvelles...

La colonne d'air, comme un jet d'eau... Oui, toujours, la colonne d'air frappe le palais : ces renforcements sont des adjuvants propres à augmenter, en certains endroits, la sonorité ; mais, celle-ci, de bas en haut, a le *même*

— 78 —

point de départ et le *même point d'arrivée* : la voix est *une*, elle n'existe que par *l'unité* de l'émission, par l'ordonnance, la coordination, l'appareillement, l'accommodation de tout ce qui concourt à l'égale, à la libre phonation, par la sûreté des trois étapes de son parcours : l'élan, le tremplin, le saut : la glotte, le palais, la salle.

C'est tellement vrai qu'il suffit, pour unifier sa voix, de dire à un élève intelligent : « Il n'y a pas de registres, il n'y a pas de passages. Respirez bien, distribuez également votre souffle, placez toujours la voix « en tête ». Ne poussez jamais. Usez de votre soufflerie tant que vous voudrez, jusqu'à l'effort exclusivement ». La nature fait le reste, ou, si vous aimez mieux, l'instinct, l'organisation du sujet.

Tant il est vrai que, dans le parcours de sa voix, le chanteur a, non seulement la faculté, mais comme nous le disions, la nécessité de prendre diverses attitudes favorables aux renforcements, sans perdre un instant de vue le but, qui est l'auditeur.

❧

Il va sans dire que, outre le renforcement spécial aux diverses tessitures, toutes les cavités vocales vibrent à chaque note.

Il ne faudrait pas imaginer que, dans un son élevé, la poitrine ne résonne pas, ni la tête, dans un son grave. Lorsqu'un chanteur émet un son, tout vibre en lui, comme autour de lui. La trachée, les bronches, le poumon, ajoutent à leur rôle de souffleur celui de vibrateur et renforcent les sons laryngiens. Le plancher de la scène résonne aussi, et le trou de l'orchestre et la boîte du souffleur et la caisse du piano ou des violoncelles et des contrebasses. Et aussi la salle, ultime et principal résonnateur. Tout chante avec l'artiste. Méphistophélès, dans sa trappe, attendant son apparition du 1er acte, entend la voix de Faust dont les vibrations sont transmises au plancher par les pieds du fauteuil où est assis le vieux docteur...

❧

L'unité de la voix ne peut être obtenue ni par les poumons, ni par le larynx, mais par les amplificateurs phoniques, par la cavité bucco-pharyngienne — dont les mouvements sont multiples, qui est propre à cette gymnastique et intimement liée à la formation des voyelles.

La preuve que les résonnateurs ont la fonction d'unir les registres, éclate tous les jours dans la pratique de l'enseignement. Un élève inexpérimenté, ayant à parcourir une gamme ascendante, s'il prend, bien ouverte, la voyelle *a* qui correspond sympathiquement aux notes graves et doit être celle qui fit naître l'expression de « voix de poitrine », se trouvera bientôt en butte aux difficultés habituelles de cette gamme ascendante. Prenons, alors, la voyelle *i* qui s'adapte aux notes élevées, qui rapproche les cordes, qu'il est facile de faire résonner *en tête*, qui soulève le voile du palais ; dès le départ, l'élève aura appareillé ; la gamme va monter sans heurt, sans qu'il y ait rien à changer.

Et voilà un argument de plus en faveur de l'unité de la voix.

Sur un son grave, on nous dit que *a* est « en poitrine ». Or, voici que *i* est « en tête », indiscutablement.

Nous avions raison d'affirmer que la dualité de registres n'est admise que pour une raison de quantité — de voyelle, par conséquent de timbre.

La difficulté est dans la complaisance avec laquelle les élèves s'étalent sur ces notes « de poitrine » et dans la résistance qu'ils opposent à la résonance « en tête » ; car, quitter la première sonorité qui offre à leur oreille tout l'éclat désirable, pour la seconde qui, comparativement, surtout au début des études, leur paraît plus faible, c'est, pour eux, un véritable sacrifice.

Ils *poussent !* Ils ferment au lieu d'ouvrir, d'obtenir la sonorité par une distribution égale de souffle, coordonnée avec l'amplification des cavités, en traitant les sons graves comme les sons élevés, en pensant, lorsqu'ils émettent une note basse, à la note du haut, en se pénétrant de cette idée que la difficulté du prétendu passage n'est qu'une simple hésitation du son à appuyer, sous l'action de l'élan, de la colonne d'air, par *la seule volonté* (car, dès son émission, le son doit être fixé dans son *centre de position* et *d'appui* et ne pas plus bouger que l'archet sur la corde), en s'appliquant, enfin, à l'*unité d'émission.*

En même temps qu'ils poussent, les élèves *serrent*[1]. Du moins, ce défaut est très répandu, — chez les femmes surtout. L'expérience est facile : Faites, deux fois de suite, exécuter à une jeune élève la même phrase — d'abord, en force, ensuite en douceur. La seconde fois, le larynx avancera, la bouche se contractera et se fermera, l'œil deviendra inquiet ; le son, guttural, pauvre, ne ressemblera pas au son *forte* ; le timbre en sera si différent qu'il paraîtra ne pas appartenir au même sujet, il n'aura pas la même identité, la justesse sera compromise. La jeune fille n'aura pas coordonné la distribution du souffle avec la position du larynx et des cavités de résonance. Elle a pensé que pour diminuer le son, il fallait diminuer l'ouverture. Elle a *serré.*

Mais l'artiste a la faculté d'ébranler toute la masse des cordes vocales, ou seulement leur bord et la muqueuse, et la douceur d'une demi-teinte s'obtient par la souplesse de l'appareil vocal, par une résonance fixée, le plus haut possible, dans les cavités cervicales, par la recherche d'une sonorité *abandonnée*, par un redoublement d'articulation, et surtout par une distribution lente et régulière du souffle. Le son ne cessera point alors d'être ample et doux au lieu d'être retenu et aigre. Car « LA DEMI-TEINTE » DOIT REPOSER SUR LA VOIX.

---

[1] M. Victor Maurel les compare au « cavalier qui, de sa main droite, frappe sa bête et la retient, de sa main gauche, par les guides, auxquelles s'ajoute le poids du corps porté en arrière. » Et il précise : « La voix est alors, en prenant cette comparaison pour exemple, comme le cheval entre l'éperon et le mors. »

Il est juste d'ajouter que, le plus souvent, ce défaut provient de la différence d'intensité que l'on exige des élèves dans le *forte* et dans le *piano*, ce qui les désoriente et ce qui est une erreur, un danger et une faute de goût. « Les choses ne vont jamais aussi bien ou aussi mal qu'on le croit. » Le *forte* et le *piano* ne doivent jamais être aussi fort et aussi faible qu'on l'imagine. Tout n'est que relatif. Un effet de douceur s'obtient autant dans l'*intention* que dans la *réalisation*. Un effet de force se produit beaucoup plus par la couleur, la *qualité dramatique du son*, l'articulation et l'expression, que par toutes les trompettes du jugement dernier.

N'avez-vous jamais éprouvé cette surprise, en arrivant au théâtre, le rideau étant déjà levé, d'entendre, alors que vous êtes encore dans le corridor, ce que l'on pourrait prendre pour un duo, alors qu'il n'y a en scène qu'un seul chanteur ?

On peut dire de celui-là qu'il n'est pas arrivé à l'unité d'émission.

&

Cette imperfection est moins fréquente chez les femmes puisqu'elles ont la chance d'effectuer, très bas, la soudure de leur voix. Mais il est juste d'ajouter que, en revanche, elles sont, pour la plupart, affligées d'une manie naturelle, acquise ou imposée : la voix de poitrine.

Oh ! que je voudrais vous persuader, Mesdemoiselles, *qu'il n'y a pas de voix de poitrine.*

Comme vos études seraient simplifiées ! De quel redoutable fléau vous seriez débarrassées si vous vouliez bien admettre que le travail mécanique doit s'effectuer sans cette dangereuse intervention !

Vous ne vous obstineriez pas à chanter avec effort, puisqu'il est si facile d'obtenir l'amplitude du son et de le renforcer dans toute son échelle sans cette fatale pratique de l'appui sur la gorge ; car votre soi-disant voix de poitrine n'est autre chose qu'une voix de gorge.

Plus tard — et par exceptions — vous pourrez tirer de ces sonorités certains effets spéciaux, et sachez bien qu'il ne vous sera pas difficile de les obtenir. Mais, les travailler, vous attacher à les amplifier, essayer d'en augmenter le nombre, c'est apporter volontairement des perturbations dans l'équilibre, l'unité, l'homogénéité de la voix — c'est vouloir rapidement ébranler celle-ci et la ruiner, — c'est introduire dans l'écorce le ver rongeur !

En effet, vous commencerez par étaler une complaisante sonorité sur les notes tout à fait graves ; puis, charmées par cet effet facile, vous monterez, vous monterez jusqu'à ce que la moitié — quelquefois plus — de votre voix, s'infecte de la maladie, — vous monterez jusqu'à ce que la nature vous empêche d'aller plus haut.

Alors, vous aurez creusé un fossé infranchissable. Au milieu de l'échelle vocale un trou sera béant, un « trou-la-la », dirait le loustic ; car, en effet, à l'endroit de la soudure, votre voix fera la tyrolienne ! Au-dessus de ces notes, tous vos sons seront *bas*, le chevrotement fera son apparition, et, en même temps vous aurez senti l'extrémité supérieure de l'échelle vocale s'affaiblir, *vous aurez perdu les notes du haut!* Alors, commenceront pour vous les pérégrinations chez les médecins auxquels vous vous plaindrez de votre gorge... ou de votre professeur (car, avec ce système féroce, on s'expose à tous les accidents, dont le plus fréquent est le *nodule*). Vous irez chez des professeurs nouveaux auxquels vous vous plaindrez de l'enseignement, jusqu'à ce que l'un de ceux-ci ait, d'abord, le courage de vous dire la vérité ; et, ensuite, s'il n'est pas trop tard, il faudra se résoudre à recommencer un travail attentif, délicat, plus difficile cent fois que si vous n'aviez jamais étudié.

N'écoutez pas ceux qui, sous prétexte de consolider une voix, pensent qu'il faut en renforcer le médium — les fondations de l'édifice, disent-ils avec une apparence de vérité, — et qui, prenant tout à l'envers, vous font *gratter* sur le larynx, petit instrument fragile et rancunier qui ne tarde pas à se venger de son bourreau.

Comme si l'équilibre d'une voix appelait plus de sonorité dans le bas que dans le haut !

Comme si l'oreille de l'auditeur exigeait autre chose que la voix normale !

Mais la raison seule ne vous indique-t-elle pas, Mesdemoiselles, les avantages que vous auriez à employer le plus bas possible la voix de tête ?

Suivez-moi :

Si, à certaines notes, les fameuses et prétendues notes de passage, vous éprouvez une difficulté, vous diminueriez la fréquence de cette difficulté en fixant très bas la soudure.

Les notes graves n'abondent pas pour vous ; et, dans une partition, plus elles sont basses, moins elles sont nombreuses, n'est-ce pas ?

Or, si vous *abaissiez* le soi-disant passage, c'est-à-dire si vous employiez très bas votre voix de tête, vous auriez, dans le cours d'un ouvrage, ou simplement d'un morceau, des occasions plus rares de franchir le mauvais pas.

... Ce n'est là, du reste, que le petit côté de la question.

Songez, Mesdemoiselles, au ver rongeur !

LA FORMATION VERBALE

LES VOYELLES

L'articulation, qui semblerait appartenir au domaine de l'Art plutôt qu'à celui du Mécanisme et dont il sera spécialement question au chapitre du « Chant Artistique », a une importance capitale. Nous avons vu que l'articulation commande le souffle. C'est l'articulation qui varie les timbres, qui *place* et qui *pose* la voix, qui lui donne sa véritable résonance et sa portée.

Articuler, c'est régler le souffle, c'est placer la voix.

Former les voyelles semble un acte presque aussi naturel que de respirer pour vivre. Et voici que, de plus en plus, nous songeons à ce bon monsieur Jourdain...

Eh bien ! c'est là une question de physique harmonique des plus ardues.

Elle ne se résume pas dans un exercice de prononciation. Elle est inséparable de la formation du timbre, et, par cela même, se rattache à l'émission et à l'unité de la voix.

Cette étude est non seulement liée aux autres ; mais elle doit les précéder.

Une voyelle n'est parfaite que si une parfaite émission laryngienne rencontre une parfaite diction buccale. Une belle voix est le résultat de conditions anatomiques et physiologiques. Une bonne diction nécessite une longue étude des voyelles (et aussi des consonnes) dans toutes les tessitures de la voix.

Combien de chanteurs ont-ils le courage de s'y appliquer ?

Le timbre, nous l'avons vu, est formé par les cavités de résonance. Qui veut donner à la voix son maximum de beauté doit étudier les mouvements de la cavité bucco-pharyngienne. Cette cavité, si elle ne suffit pas, isolément, à l'éclosion des voyelles, a, du moins, la mission importante de les modifier, de les amplifier, de leur donner leur forme définitive. D'où il appert que le perfectionnement du timbre est lié à l'étude des voyelles. Renversons la proposition : le travail des voyelles est celui qui forme le mieux la voix et lui donne son timbre le meilleur.

Tandis que vibre la glotte, la bouche varie ses formes, la langue se meut, les lèvres modulent les sons pour leur offrir les timbres les plus divers. Ces timbres ne sont autre chose que des voyelles. A timbre nouveau, voyelle différente.

Ces voyelles prennent la forme de A, de O, de I (les diphtongues qui vont des unes aux autres ne sont que des gradations intermédiaires).

Il y a, en réalité, autant de voyelles différentes qu'il peut y avoir de formes différentes de la cavité buccale, et comme on peut passer, par des transitions insensibles, d'une forme à l'autre, il y a, en réalité, une infinité de voyelles possibles.

Les voyelles primitives sont au nombre de six : OU, O, A, É, I, U. Trois, surtout : OU, A, I, peuvent être considérées comme fondamentales. Elles ont toutes comme point de départ : l'E muet.

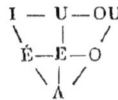

$$I - U - OU$$
$$\diagdown \quad | \quad \diagup$$
$$\acute{E} - E - O$$
$$\diagdown | \diagup$$
$$A$$

Les voyelles intermédiaires se peuvent placer dans les espaces situés entre les deux voyelles voisines.

Or, chaque voyelle correspond sympathiquement à un son. Elle a son diapason. C'est-à-dire que sur telle note elle trouve son plein épanouissement, sa sonorité la plus complète. Ainsi, tandis qu'une note sonnera mieux sur l'A, telle autre préférera l'O ou l'I ou l'une des nombreuses intermédiaires.

Cela est scientifiquement établi.

Tenez un diapason dans la bouche ; il vibrera plus fort lorsque vos résonnateurs lui offriront la voyelle qui s'adapte à sa tonalité.

Un élève, parcourant une gamme sur différentes voyelles, trouvera des hauteurs et des formes où la voix sera éclatante, ou sourde, ou grêle.

La note qui correspond sympathiquement à telle voyelle est appelée *vocable* de cette voyelle.

Les OU, les O s'adaptent généralement aux notes graves, les I, U, aux notes élevées. Le registre grave des contralti est en *ou*, tandis que les soprani ont une préférence pour A, I, O.

Lors d'une reprise de *Don Juan*, avec une traduction nouvelle, le principal interprète du chef-d'œuvre de Mozart demanda à l'adaptateur le changement d'un grand nombre de mots dont les syllabes n'étaient pas favorables, sur la tessiture où elles se trouvaient, à la bonne émission de sa voix.

La langue italienne, si riche en voyelles sonores, est la plus fertile en beaux effets vocaux.

Helmholtz et Kœnig ont déterminé les hauteurs qui, selon eux, correspondent aux différentes voyelles. Mais leurs « tableaux » sont remplis d'erreurs, et Auerbach modifia leur théorie et démontra que l'intensité des sons partiels dépend de leur hauteur absolue et de leur ordre dans la série.

❧

A l'état brut, une voix, pour un maximum d'effet, ne devrait émettre chaque voyelle que sur ses *vocables*. Il faut donc rechercher, parmi les voyelles, celles qui donnent à chacune des notes la voix la plus belle, et non seulement *ou*, *o*, *a*, *é*, *i*, qui sont les parties fondamentales de la parole, et que l'on retrouve dans toutes les langues, mais tous les sons intermédiaires.

On ne peut y arriver que par tâtonnements.

Un chanteur qui parcourt, sans y songer, en manière de divertissement, l'échelle de la voix, en improvisant une mélodie sans paroles, n'émet sûrement pas la voix sur *a* ou sur *ou*, exclusivement. Il change ses voyelles (par conséquent, son timbre) et, instinctivement, sur chaque note de sa propre phrase musicale, il place la voyelle dont cette note est la *vocable*.

C'est parce qu'il a *articulé*. S'il n'avait que *vocalisé*, il ne serait pas arrivé au même résultat.

Donc, encore une fois, l'articulation homogénéise une voix. La glotte donne naissance au son initial. Pour former toute voyelle pure, le voile du palais se soulève et ferme plus ou moins l'orifice postérieur des fosses nasales. C'est pour

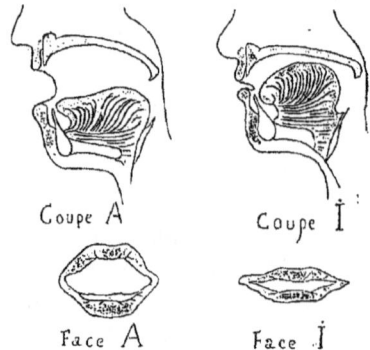

Fig. 14.
(Dr Marage. *Petit manuel de Physiologie de la voix.*)

la lettre A qu'il est le plus lâche ; la rigidité augmente pour E, O, OU et atteint son maximum avec I.

La connaissance de sa propre voix est — faut-il le dire? — précieuse au chanteur. Elle lui démontre que, à tel endroit où telle voyelle résonne mieux, il a fait le mouvement physiologique propre à la belle sonorité. Il ne faut pas conclure que, après la découverte de la *vocable*, on doive en rester là. Toutes les voyelles doivent être étudiées sur toutes les tessitures. Par les attitudes acquises de la bouche, s'adaptant à un appareillement des autres cavités on arrive à une résonance relativement égale de toutes les voyelles.

Le résultat sera double :

On aura homogénéisé ses voyelles.

On aura *placé* sa voix.

LES CONSONNES

Les voyelles peuvent être émises seules.

Les consonnes n'ont de sonorité véritable qu'avec le concours des voyelles.

— 85 —

Le jet sonore heurtant le voile, la langue, les dents, les lèvres se produisent en consonnes.

Dans l'articulation des consonnes, certaines régions mobiles de la cavité buccale se rapprochent de façon à constituer une sorte de glotte temporaire, susceptible de produire un son sous l'influence de la poussée d'air. Ces sons ainsi formés se rapprochent beaucoup des bruits, ce qui a fait dire que les voyelles sont des sons, les consonnes, des bruits.

Ces régions d'articulation sont, *principalement*, de trois sortes :

1° Les consonnes *gutturales* se forment au niveau du palais et de la base de la langue.

2° Les *linguales*, au niveau de l'arcade dentaire supérieure et de la partie antérieure de la voûte palatine et de la langue.

3° Les *labiales*, au niveau de l'orifice labial.

Il est encore bien d'autres régions d'articulation et tous les points intermédiaires peuvent servir à former des consonnes.

Voici un tableau qui représente les quatre espèces de consonnes :

CONSONNES				RÉGIONS D'ARTICULATION		
				LABIALES	LINGUALES	GUTTURALES
Continues	Dures			F	S	CH
	Molles			V. W	SCH. Z	S
Explosives	Simples	dures		P	T	K
		molles		B	D	G
	Aspirées	dures		PH	TH	KH
		molles		BH	DH	GH
Vibrantes					R	R
Nasales				M	N	NG

N. B. R. est linguale pour ceux qui *vibrent*. R. est gutturale pour ceux qui *grasseyent*.

Dans les consonnes *continues*, la région d'articulation est rétrécie et l'émission du son « continue » tant que dure la pression d'air.

Dans les *explosives*, occlusion complète et momentanée de la région d'articulation ; le son dure peu et se forme soit au moment de l'occlusion : AB, soit au moment de l'ouverture : BA. (Ces consonnes sont toujours associées à des voyelles.)

Dans les *vibrantes*, la région d'articulation prend la forme d'une anche mise en mouvement par l'air expiré et donne un son tremblé. Enfin, tandis que, pour les trois espèces qui précèdent, l'air passe par la bouche, les fosses nasales étant fermées, les *nasales* amènent l'abaissement du voile du palais qui établit la communication avec le nez.

Par le travail, il est aisé de corriger une articulation insuffisante ou défectueuse. L'enfant en est un exemple, qui passe du cri à la voix articulée, qui

suit pas à pas et les progrès de son audition et le développement de son anatomie, qui commence par les labiales : *ba*, *pa*, *ma* ; puis, lorsque les dents
apparaissent : *ta*, *da* ; enfin qui articule ses véritables premiers bégayements
lorsque survient la formation du voile du palais.

On remarquera que l'union des consonnes et des voyelles, c'est-à-dire la
constitution des syllabes, exige deux actes musculaires successifs : pour la
consonne, rétrécissement ou occlusion de la région d'articulation ; pour la
voyelle, forme spéciale de la cavité buccale.

Ces actes musculaires ont un ordre de succession qui varie, naturellement,
selon que la voyelle est placée avant ou après la consonne.

Pour nous, la consonne est le coup de marteau qui frappe la voyelle et lui
donne l'instantanéité d'explosion, la force ou la douceur ; elle est l'*accent* qui,
le premier, offre au mot sa valeur, son caractère, sa couleur. Elle est le
coup de marteau et le coup de pinceau.

⁂

Dans un récent travail, Mʳ le Dʳ Jules Glover relate la série d'observations
qu'il a faites au Conservatoire National de musique, dans son « Laboratoire
de Physiologie de la voix et de l'audition, appliquée à l'enseignement et à
l'étude de l'art vocal ». Il y étudie l'influence de la tonalité laryngienne sur
le jeu des organes de la formation verbale et la position de ces organes dans
l'émission des voyelles et des consonnes, particulièrement en ce qui touche le
voile du palais.

Le voile étant souvent presque invisible dans les diverses attitudes,
M. le Dʳ J. Glover a recours, pour l'observer, à un procédé qui ne contrarie
en rien la formation verbale physiologique : celui des buées vocales. Deux
petits miroirs rectangulaires sont placés, l'un au-dessous de l'orifice des fosses
nasales, l'autre devant l'ouverture buccale. Le moindre souffle passant par
le nez et par la bouche vient s'inscrire en buées sur ces miroirs.

A ce contrôle indiscutable, si l'on ajoute l'exploration visuelle des organes
et le toucher, on peut, en dehors, et à côté de la méthode aérographique,
établir un certain nombre d'éléments à l'appui des preuves organiques de la
phonation.

TRAVAIL DE LA VOIX

Voici quelques-uns des moyens que j'ai employés pour rééduquer une voix d'abord malmenée, puis pour l'améliorer et l'amplifier, enfin pour la conserver, malgré d'immenses fatigues : une série d'exercices progressifs — simples et dépouillés de toutes les complications que leur prête l'enseignement actuel.

❧

Un professeur de chant, musicien et chanteur, n'est pas forcément un harmoniste. Au lieu de quelques accords rudimentaires et de correction approximative que je pouvais mettre sous ces *exemples*, j'ai pensé que même de simples exercices, destinés à l'enseignement, gagneraient à être soutenus de formules plus variées, d'harmonies plus recherchées, et, dans une sage mesure, parés d'un peu plus de musicalité.

Mon ami Paul Puget a bien voulu se charger — avec une finesse, une ingéniosité, un talent dont on jugera — d'écrire les accompagnements de ces exercices. Leur étude sera, par là, moins aride, et l'élève y pourra développer son goût musical, s'il en a, — en acquérir, peut-être, s'il en est dépourvu...

❧

Le clavier de la voix se peut comparer — quant au travail mécanique — au clavier du piano.

C'est le moment d'appliquer les règles prescrites dans les chapitres précédents. L'élève s'y est instruit sur la respiration, la distribution du souffle, l'attaque, l'appui, la portée, la formation verbale, etc. Mais nous ne manquerons pas de raviver sa mémoire.

Avant tout, songez à la coordination des trois éléments, à l'équilibre qui doit exister entre eux : soufflerie, vibrateurs, résonnateurs.

Ne jugez pas de la valeur d'un son à l'effort qu'il vous coûte, mais, bien au contraire, à la faculté qu'il vous donne de l'articuler sans aucun effort.

N B. — I. Tous les exercices qui suivent doivent être exécutés *rigoureusement* en mesure.

II. Ils sont écrits en un seul ton, mais destinés à être transposés selon les voix, et, du reste, chantés en plusieurs tons par la même voix.

GAMME DIATONIQUE AVEC DES SONS SÉPARÉS

N° 1

(Chaque note, environ deux secondes de durée.)
(Soutenir le son égal.)

Respirez rapidement et légèrement, mais dans toute l'ampleur de la poitrine, sans effort, sans mouvement apparent, la gorge ouverte, le voile du palais soulevé, la langue abaissée, inerte, dans l'attitude propre à la formation de la voyelle *â*, qui est favorable à l'émission libre de la voix, car, en ouvrant le fond de la gorge, elle offre au son un large amplificateur. La bouche modérément ouverte : entre les dents l'espace du pouce (se servir, à la rigueur, d'un morceau de liège). Sur le visage aucune contraction ; les traits calmes, l'œil confiant (chanter devant une glace).

Avant d'attaquer le son, *entendez-le*. C'est par l'*oreille* que se *prépare* le mieux le travail du larynx.

Attaquez le son dans sa plénitude, par un léger coup de glotte net et moelleux, en le plaçant bien « dans le masque » — *là-haut derrière les dents*, disent les vieux chanteurs — en vous préoccupant déjà de sa portée.

Lorsqu'il sera émis, vous l'entendrez au fond de la salle, car vous éduquerez votre oreille à *s'y transporter*.

Evitez de reculer le menton ; la position contraire est préférable, à la manière des masques tragiques de l'antiquité.

Recherchez le timbre qui aura la plus jolie couleur, qui *portera* le plus et *coûtera* le moins.

Chercher un timbre c'est, nous l'avons vu, s'appliquer à l'articulation d'une voyelle : à nouvelle voyelle, timbre nouveau. Celle que nous conseillons : *á* peut-être modifiée ; le moindre changement d'attitude amènera un changement de timbre. Remarquez, en montant la gamme, au fur et à mesure que vous abandonnez les résonances graves pour les résonances aiguës, les modifications nécessaires de la voyelle : elle s'arrondit.

Vous aurez une attitude particulière à *chaque note*. Chaque son aura son petit tiroir, selon la pittoresque expression de M. Delmas. Il ne sera plus question de registres, de passages ; même, vous traiterez chaque note comme un registre particulier et vous monterez ainsi la gamme insensiblement, dans une parfaite unité.

Pour arrêter le son, arrêter le souffle par une légère inspiration.

Pendant l'arrêt imposé par l'inspiration, ne pas perdre la *mémoire* du son que l'on vient de quitter, attaquer le son suivant dans la même couleur que le précédent.

Voilà donc un exercice — il n'en est pas de plus simple — qui attire l'attention de l'élève sur la respiration, l'attaque, l'émission, la portée, l'unité des tessitures, la formation verbale.

D'après les mêmes principes, exécutez l'exercice suivant, EN ARPÈGES.

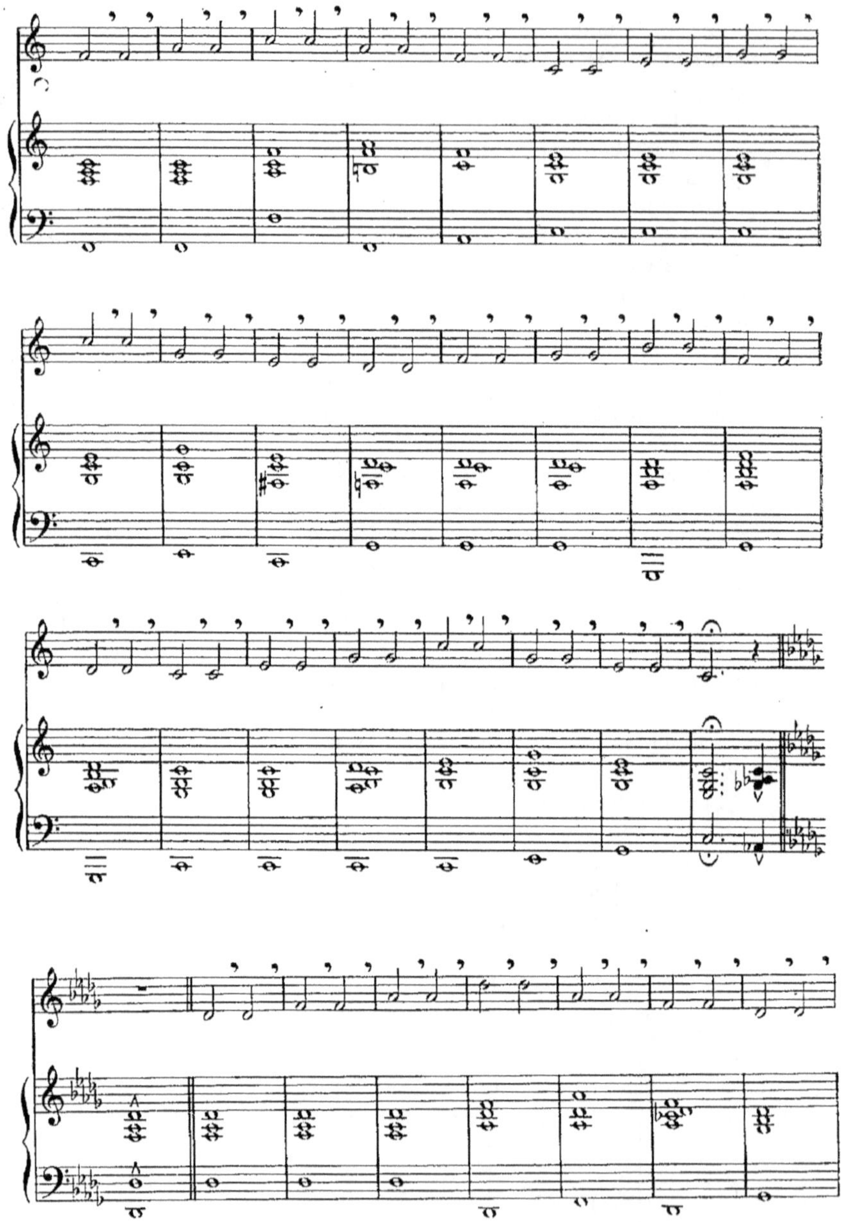

Dans les notes graves, ne tentez pas d'augmenter le timbre. Si le son vous paraît insuffisant d'intensité, appliquez-vous à l'*arrondir*. Dans la tessiture basse, le relâchement des cordes est indispensable, et, par l'effort, par la tension des muscles, au lieu de l'augmentation de volume, vous n'obtiendriez que l'écrasement et la sécheresse du son.

Mais, pour arrondir le son, il ne s'agit pas d'arrondir la bouche, ce qui diminuerait la portée. Arrondissez le fond de la gorge, faites-en un réflecteur qui renvoie le son.

Ainsi, vous offrirez un large pavillon à la voix qui deviendra claire et libre, en même temps que ronde.

GAMME DIATONIQUE, AVEC DEUX SONS LIÉS

GAMME DIATONIQUE, AVEC QUATRE SONS LIÉS

GAMME DIATONIQUE, LIÉE EN UNE SEULE INSPIRATION

SONS LIÉS EN ARPÈGES

N° 6

Dès le départ, « appareillez » pour la note du haut.

Articulez votre voyelle et gardez-la, en l'arrondissant, au fur et à mesure que monte la gamme. Partez avec une attitude vocale telle que vous ayez la sensation que vous allez arriver à l'extrémité supérieure de l'arpège, sans heurt, sans changement *brusque* de mécanisme, dans une parfaite homogé-néité. Commencez relativement piano. Sachez que, à une octave de diffé-rence, le nombre des vibrations sonores de la note supérieure doit être environ deux fois plus grand que celui de la note inférieure.

Il faut bien se garder de confondre les *sons liés*, avec les *sons portés*, *glissés* ou *coulés*, qui sont d'un effet intolérable et ne peuvent s'employer que très exceptionnellement, pour une expression particulière.

Les sons liés doivent se succéder, immédiatement justes, sans interrup-tion, sans différence sensible de timbre. Faites *entrer* une note dans l'autre.

L'harmonium bien joué (cet instrument devrait être préféré au piano pendant les études préliminaires de la voix) donne exactement ce que le chanteur doit acquérir pour arriver à ce *legato* qui porta si haut l'ancienne École Italienne. Ceux qui ont entendu Rubini, dans un andante, affirment avoir connu la perfection du chant lié.

« Chantez l'archet à la corde ! » disait Rossini.

« Jouez du violoncelle avec votre voix! » conseillait Paer.

LE SON TYPE

Les exercices qui précèdent suffisent à faire connaître une voix. Il est temps de songer à travailler, en s'*étayant*, non plus sur une note quelconque de la tessiture grave, mais sur une note choisie parmi les plus belles, d'où partira l'exercice et qui servira de modèle, de *note type*. M. Faure, qui avait atteint la perfection du mécanisme, conseille un exercice fort ingé-nieux et qu'il appelle L'APPAREILLEMENT DE L'ÉCHELLE VOCALE :

« Dans toutes les méthodes de chant, c'est par la note la plus grave d'une gamme, et presque toujours par la gamme d'*ut* que commence le travail des voix, quelle que soit d'ailleurs la nature de leur timbre ; à partir de cette note, l'élève monte diatoniquement jusqu'au *mi*, au *fa*, au *sol* ou au *la*, selon ses moyens, pour revenir en descendant à son point de départ.

J'admets volontiers cet exercice comme examen préliminaire de la voix, mais non comme moyen vraiment utile à son amélioration.

Si la voix a besoin, pour s'étayer, d'un point d'appui, d'une base solide, cette base ne doit pas se chercher invariablement dans les notes inférieures, car elle peut se trouver placée beaucoup plus haut.

Il est donc indispensable, avant de commencer le travail de la voix et pour éviter aux élèves la perte d'un temps précieux, de s'assurer un point d'appui et d'arriver de suite à l'*appareillement du clavier vocal*.

Il faut, pour cela, que l'élève cherche, dans l'étendue de sa voix, une note choisie de préférence au médium, dont le timbre lui paraisse plus agréable, plus clair, plus sonore et dont l'émission lui soit, avant tout, plus facile que celle des autres notes.

L'élève devra d'abord *écouter* cette note avec la plus grande attention, afin de se rendre compte du *mécanisme* qui la produit et de pouvoir retrouver sur la note voisine, plus haute ou plus basse, la sonorité de cette *note type*.

Supposons que cette note soit un *si bémol* du médium ; pour que le *rapprochement* entre ce *si bémol* et le *la naturel* ou *si naturel* soit plus complet, l'élève devra franchir l'intervalle chromatique qui sépare les deux notes, en les fondant le plus étroitement possible par un abaissement graduel de l'into-nation et, pour ainsi dire, par *commás*, afin que le son qui doit être *appareillé* conserve la sonorité et la couleur de son initial.

Il devra veiller, en outre, à ne faire subir à l'appareil buccal aucun déran-gement, aucune modification.

Vous vous rendez compte que le *rapprochement* consiste à obtenir, entre différents sons, le plus grand rapport possible de sonorité, de volume et d'*identité* (j'emprunte encore ce dernier terme à M. Faure), et à leur donner le même *appui*.

Le mot de *rapprochement* implique une idée de *condensation*.

Lent (♩=80)

N° 7

Mais ce que le Maître conseille pour l'une des notes médianes se peut appliquer à l'échelle supérieure de la voix. Lorsqu'il s'y trouvera une note sonore et souple, on la ramènera dans le registre grave.

L'unité de la voix y trouvera son profit, notamment dans le cas de notes graves peu timbrées, ou malencontreusement appuyées sur la gorge. L'attaque « en tête » de la note supérieure disposera la liberté d'émission des notes basses.

Andantino (♩=69)

N° 8

Puisque vous avez étayé la note grave, incertaine, sur la bonne note élevée, vous aurez le droit de supposer que la première donne, en *descendant du haut*, son maximum possible de beauté. Vous la quittez, pour la reprendre par des attaques, en conservant bien la *mémoire* de son timbre, de sa qualité, et vous travaillez *tout autour*.

Si vous n'arrivez pas à lui maintenir son identité, arrêtez-vous ; reprenez l'exercice à son début, en revenant à la note type.

Moderato (♩=88)

N° 9

VOYELLES ET CONSONNES

D'autres timbres que celui de l'*a* appellent votre attention. Hâtez-vous d'étudier les voyelles.

Prenez-les d'abord séparément :

Du ton UT
au ton MI ♭
etc.

Sur ces neuvièmes, attaquez successivement vos voyelles : *a, â, e, eu, é, è, i, o, ô, u, ou* ; puis les nasales : *an, in, on, un.*

(Vous savez que, au-dessus du *fa* supérieur, il est impossible d'articuler nettement une nasale.)

Liez, maintenant, vos voyelles sur toutes les notes de la gamme :

(De ut² à fa³ pour les hommes — de ut³ à fa⁴ pour les femmes.)

Ces différents timbres doivent avoir la même identité, appartenir au même individu. N'en laissez échapper aucun de nasonnant ou de guttural.

Chez certains sujets, *i, u, é* sont plus faibles que les autres timbres. Dans ce cas, l'ordre adopté ci-dessus sera observé. Pour le cas inverse, il vaut mieux choisir l'ordre suivant : *i, u, é, eu, o, a,* etc., qui peut être lui-même renversé, car il importe d'articuler d'abord les voyelles sonores, afin de faire bénéficier les autres de leur voisinage.

On se rappelle que l'*i* et l'*é* rapprochent les cordes et soulèvent le voile du palais. Le travail de ces deux voyelles timbre donc la voix et lui donne une bonne résonance.

L'*à* est la voyelle la plus sonore. Un *i*, par exemple, ne s'articule qu'avec une occlusion de la langue remontée assez près des lèvres, tandis que dans l'*à* tout est ouvert (revoir le tableau au chapitre des voyelles).

Afin d'égaliser, autant que possible, les différentes sonorités, l'*i* trouvera dans le *timbre* une *compensation* qui lui est nécessaire pour s'homogénéiser avec l'éclat de l'*à*.

Souvent, l'élève, croyant en augmenter le volume, *tourne* l'*i* vers l'*é*. Grave erreur qui obscurcit la prononciation, dénature la formation verbale et compromet la justesse. Lorsque l'*i* paraît trop aigrelet, il faut *penser* un peu à l'*u* et l'attitude nouvelle adoucit la sonorité.

Nous n'avons donné ici que les principales voyelles, les principaux timbres, dont le nombre réel est plus grand (on peut les varier et les nuancer à l'infini). Chaque voyelle résulte d'une position spéciale, d'une attitude qui lui est particulièrement appropriée.

L'élève apprendra à chanter chaque note avec toutes les voyelles et toutes les nuances. Il sera maître, alors, du fonctionnement de la cavité bucco-pharyngienne et connaîtra les attitudes propres aux différents timbres, ce qui constitue l'une des parties les plus essentielles de l'art du chant.

⚘

Appliquez votre travail de voyelles et de consonnes en formant des mots. La consonne sera un moyen naturel d'attaque de la voyelle. Elle lui donnera sa force — tel un coup de marteau — et aussi sa couleur spontanée. Nous l'avons dit : la consonne est le coup de marteau et le coup de pinceau. Ce travail remplacera avantageusement les mélodies sans paroles que l'on appelle « vocalises » : exercices sur une seule voyelle, où la gorge ne tarde pas à se contracter, où sont accumulés tous les « agréments » de l'art vocal, toutes les prétendues difficultés, aussi tous les heurts, toutes les duretés. Alors, on s'habitue à chanter sans aucun sentiment ou avec un sentiment faux. Adoptez de préférence des membres de phrases présentant des difficultés à vaincre et où l'élève pourra travailler l'articulation et former son goût.

Voici un fragment choisi à dessein parmi les airs populaires. L'élève mettra du goût dans une simple chanson, même si elle lui est présentée comme un travail. (A chanter en différents tons.)

Au clair de la lu ne, Mon a mi Pier rot,

Prê te moi ta plu me Pour é crire un mot.

Voici, maintenant, le chœur des moines, au 1ᵉʳ acte de la *Favorite*, qui n'est autre chose qu'une gamme majeure avec paroles. (On pourra l'exécuter en différents tons.)

LA FAVORITE DONIZETTI

Andante

Pi eux mo nas tè re, De ton sanc tu

Nᵒ 13

ai re, Que no tre pri è re Mon te vers les cieux; Dans

cet _ te chap-pel _ le, Gui-dé par ton zê _ le,

Pè _ lerin fi _ dè _ le, Viens of _ frir tes vœux.

Publié avec l'autorisation de MM. L. Grus et Cⁱᵉ, éditeurs.

ATTAQUE DU SON

C'est une étude assez importante pour qu'on lui accorde un travail parti-culier. N'oubliez pas les recommandations faites déjà au sujet des appels de souffle, de l'attaque, de l'appui, de la portée.

Respirez à chaque attaque. Corrigez ce qu'elle pourrait avoir de séche-resse par le moelleux du *grupetto* qui suit.

Si, à la première attaque de chaque note, la sonorité ne satisfait pas com-plètement votre oreille, vous avez la faculté, à la deuxième attaque, de modifier le son.

Allegretto (♩ = 104)

Nº 14

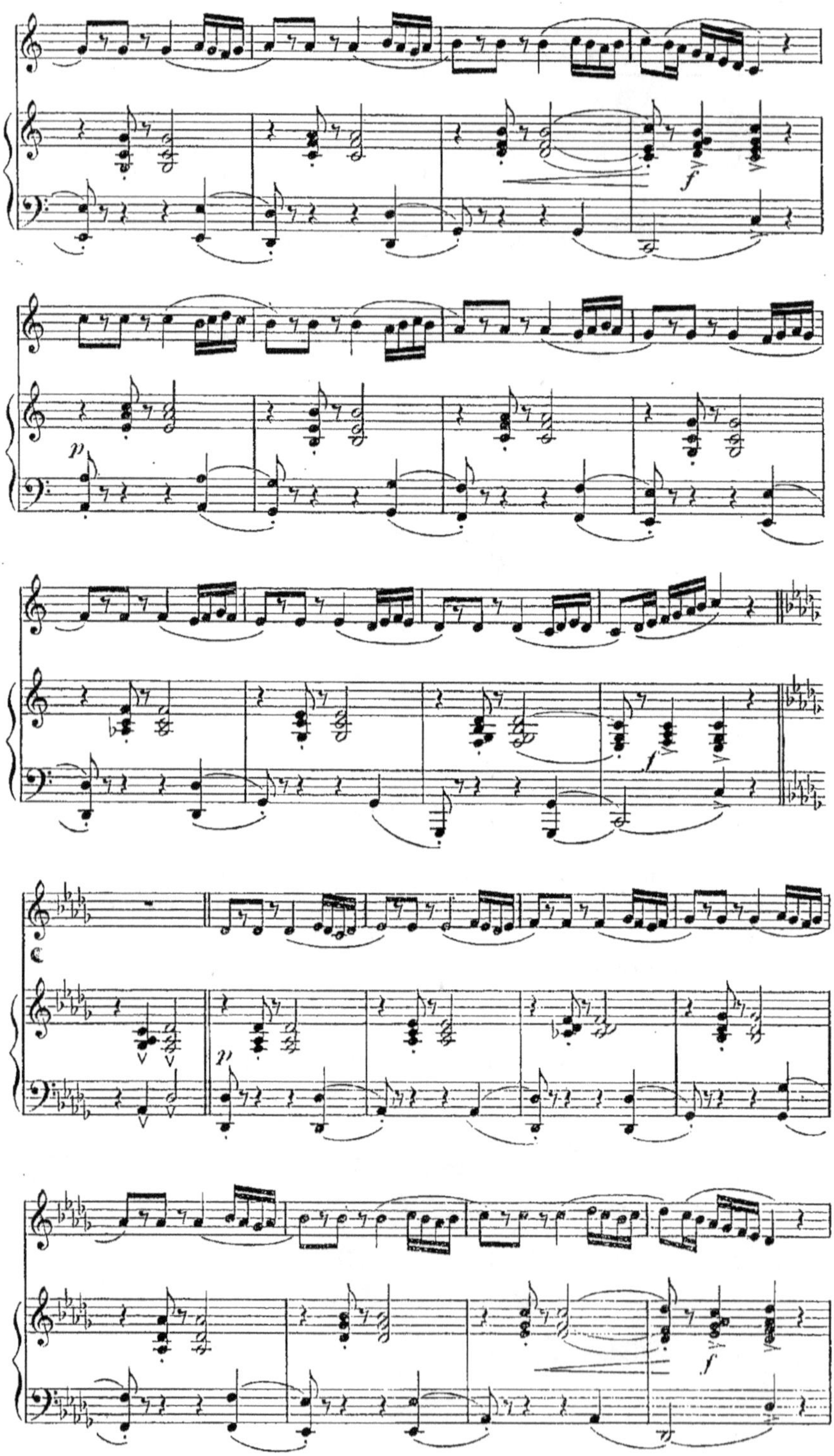

Cet exercice et le suivant ne dépasseront pas le ton de *mi*.

(Nous avons vu le danger que présenteraient des attaques de glotte au-dessus de cette tessiture.)

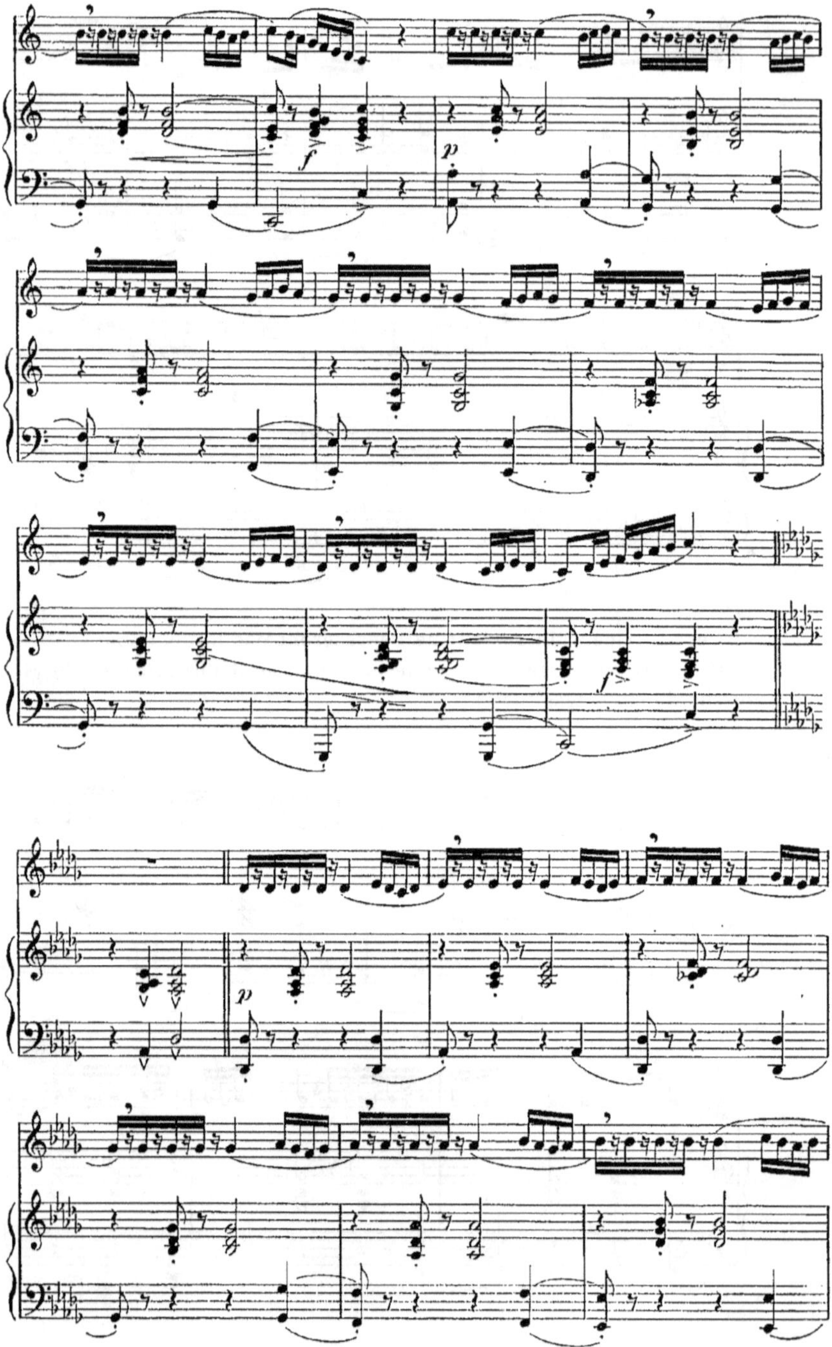
f
p
f

L'exercice suivant peut se classer parmi les « attaques » :

N° 16

etc.

Nous savons qu'une note grave ne s'émet qu'avec une faible tension des cordes et une petite quantité d'air. Une note élevée exige une plus grande force musculaire et une plus grande dépense de souffle. Souvent, l'élève se laisse aller à l'*effort*. Comme la note grave exige un *relâchement* de l'appareil, l'objet de cet exercice est d'atteindre la note du haut sans avoir le temps de faire une trop grande contraction. La note du bas sera à peine effleurée et, tout de suite, attaquée celle du haut, dans sa plénitude. Encore une fois : servez-vous du fond de la gorge comme d'un réflecteur.

INTERVALLES

Il y a toujours une difficulté à exécuter un intervalle ascendant.

Songer aux attitudes de la note supérieure. Choisir la meilleure note grave de la voix, la donner sonore et la prendre comme type, en ayant soin de ne pas déplacer l'adhérence, l'appui, lorsqu'on passe du grave à l'aigu. Plus on monte, plus on soulève le voile du palais, plus on *bâille* le son, plus on fait l'inverse de ce que les élèves sont instinctivement portés à faire.

N° 18

Moderato (♩ = 76)

N° 19

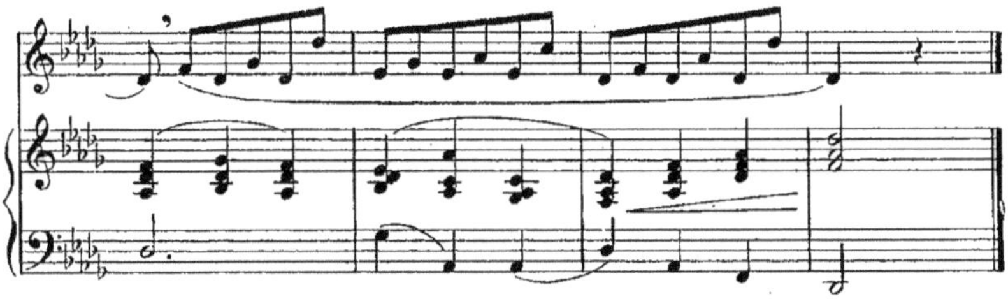

etc.

Moderato (♩=100)

N° 20

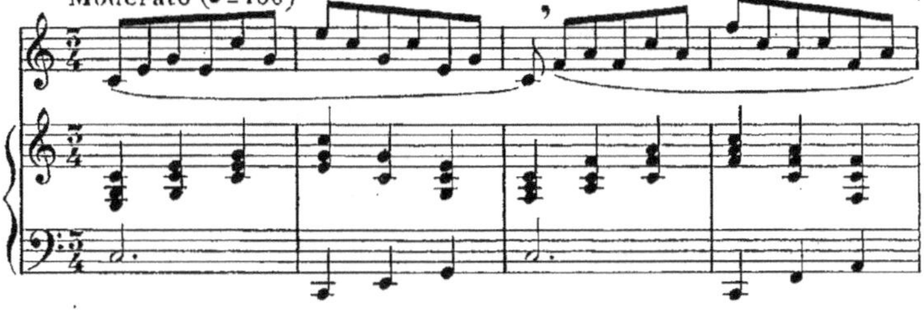

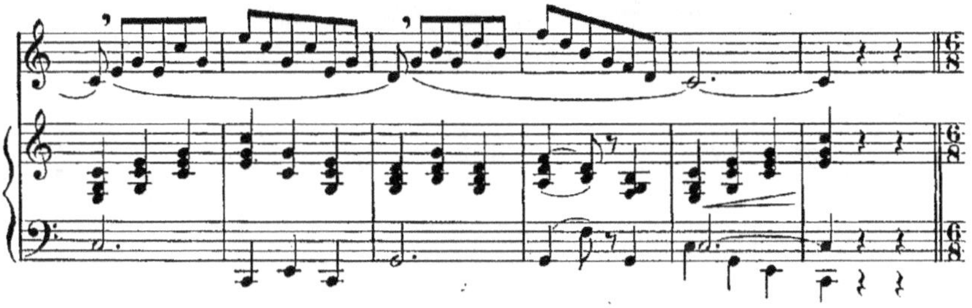

Allegretto (♩=92)

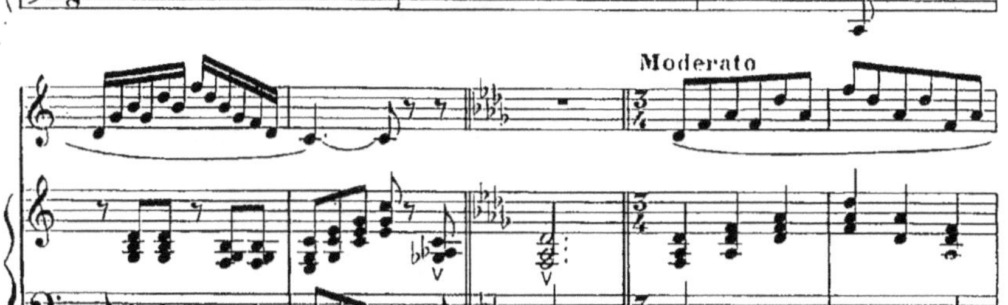

Moderato

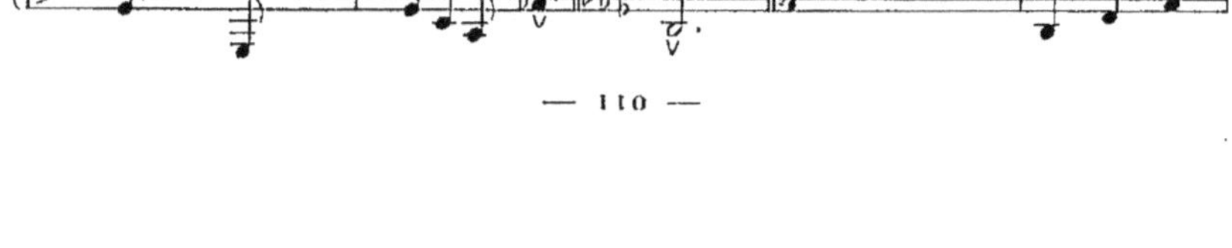

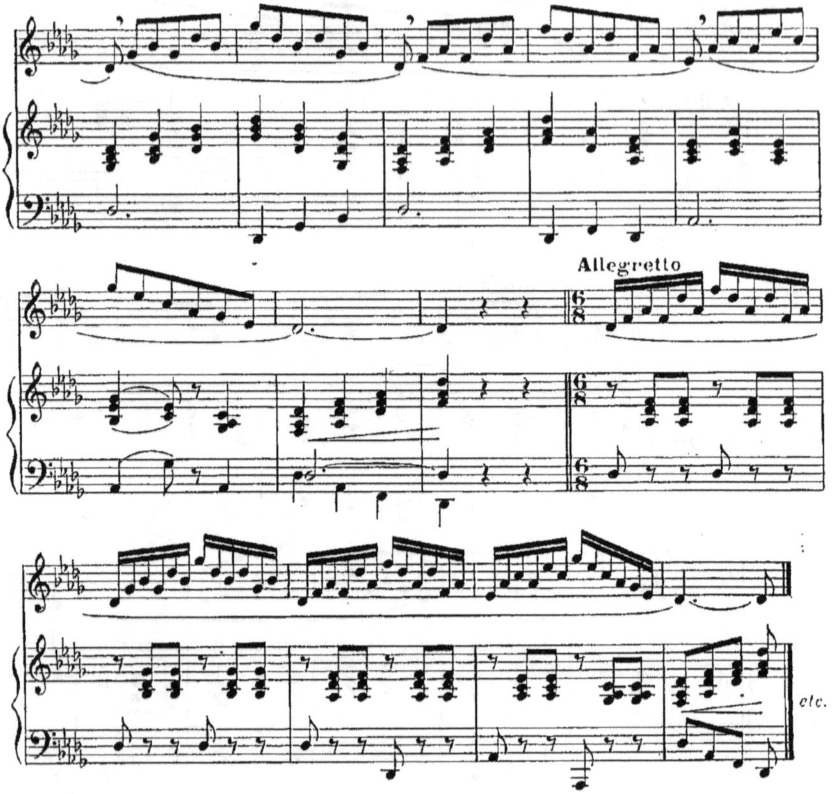

Nº 21

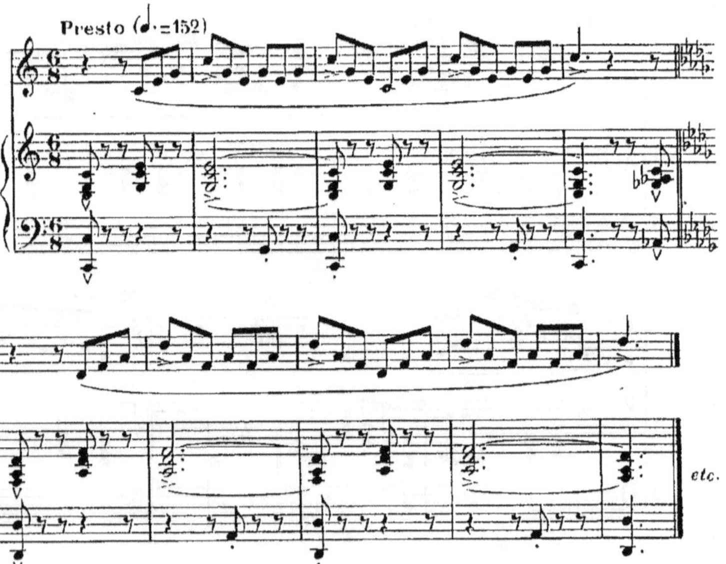

QUELQUES EXERCICES D'AGILITÉ

Les ennemis de l'école moderne s'imaginent volontiers qu'elle consiste à dédaigner la virtuosité. Il y a confusion. Si nos compositeurs ont renoncé à faire mourir leurs héroïnes en leur faisant ridiculement exécuter les vocalises les plus ardues, au moment où elles vont rendre le dernier soupir, il ne s'ensuit pas que, dans le travail de la voix, on doive rejeter de si précieux exercices. Ce serait une erreur semblable à celle qui consisterait à travailler le clavier du piano sans l'exécution de gammes.

Laissons les vocalises pour ce qu'elles doivent être désormais : un exercice d'assouplissement.

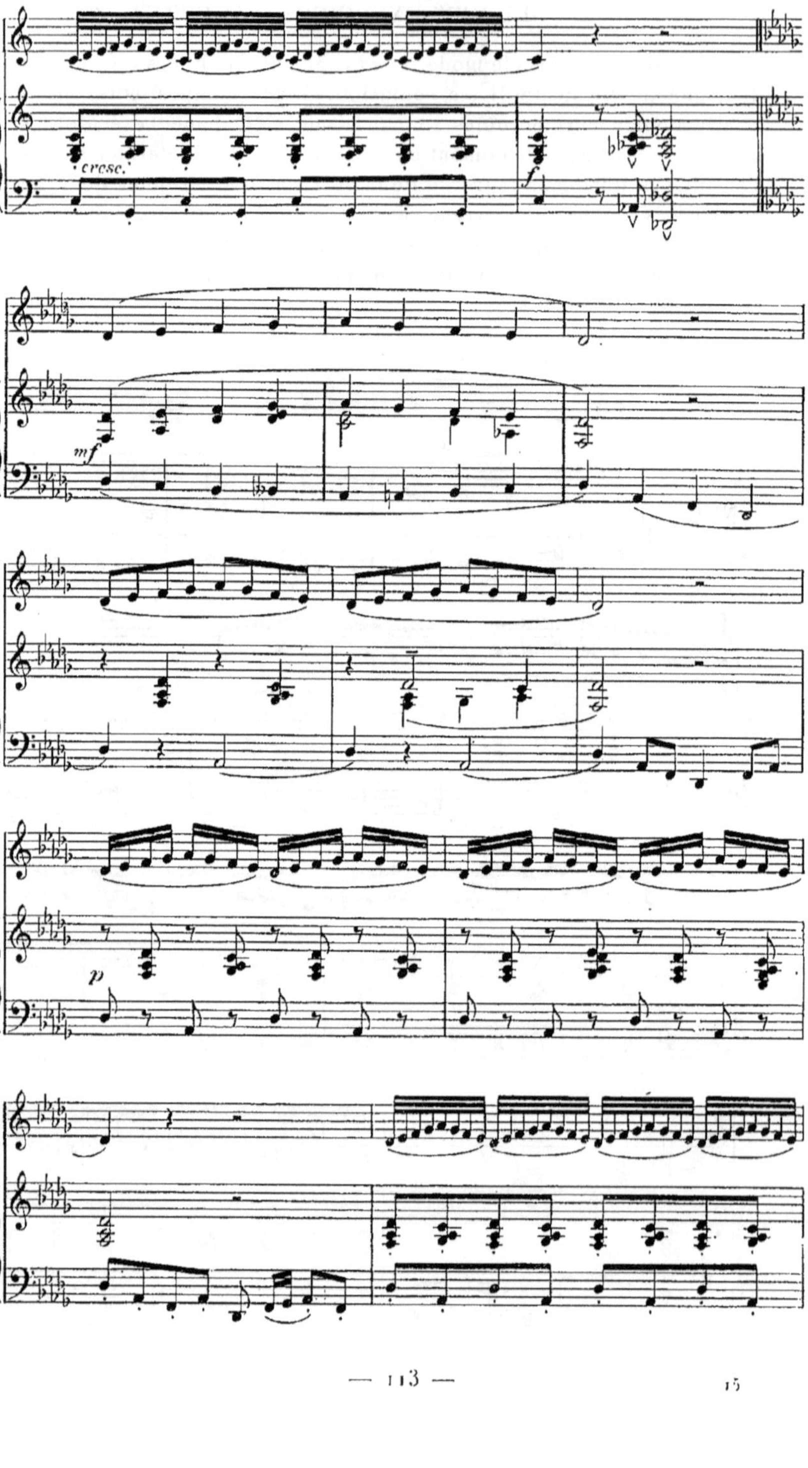
cresc.
f
mf
p

Dans la partie lente de l'exercice ci-dessus, « placer » avec soin tous les sons, en garder la mémoire, et exécuter mécaniquement les périodes qui suivent et dont la vitesse augmente progressivement.

Profiter de l'élan donné pour atteindre librement et largement les notes élevées.

etc.

Allegro mod.^{to} (♩=112)

N.º 25

etc.

Allegro mod.^{to} (♩=112)

N° 26

N° 27

Allegro ($\bullet$=120)

ARPÈGES

On a remarqué que le point de départ d'une gamme, ascendante et descendante, est plus difficile que le reste de cette gamme. (De même, il est plus
difficile de tourner un *grupetto* que de faire de grands traits.) Dans les passages d'agilité, diminuer l'appui de la voix et vocaliser en *martelant* chaque

note, sans faire entendre d'H aspiré, ce qui serait supprimer la difficulté, exécuter une gamme sans liaison et faire une déperdition de souffle à chaque note. Ne pas remuer le menton, ni les lèvres. Éviter toutes contorsions ou mouvements de la tête et du corps

N° 30

N° 31

N° 32

N° 33

On peut exécuter les arpèges en les doublant, c'est-à-dire : deux fois sans respirer. Chanter alors, la seconde gamme légèrement plus piano que la première, en ayant bien soin de ne rien changer aux attitudes.

Le souffle sera diminué. Le son *piano reposera* sur le son *forte*.

Rossini recommandait les arpèges pour donner à la voix son maximum d'étendue et de souplesse.

Cet exercice, souvent, est exécuté à tue-tête, avec la seule inquiétude d'atteindre la note supérieure.

Certes ! il offre la facilité donnée par l'élan. Mais il sert, avec ses intervalles et son étendue, à égaliser la voix.

Appliquez-vous, lorsque votre première note est bien à sa place (et vous la placerez avec la préoccupation d'atteindre sans heurt la note extrême), de faire monter la gamme dans la même forme, dans le même *tuyau*, dans le même *tube*. Soulevez le voile du palais, tendez-le comme une peau de tambour, et, quelle que soit la voyelle, songez à lui garder sa couleur, son timbre, tout le long du chemin.

À ces quelques modèles d'exercices d'agilité, on peut en ajouter d'autres, beaucoup d'autres. On peut leur donner les formes les plus variées, pourvu que ce ne soit pas la forme tourmentée.

LE TRILLE

L'un des agréments de la vieille école. On allait, jadis, entendre le trille de tel chanteur en vogue. De nos jours, on en trouve parfois encore l'application, et Wagner lui-même n'a pas dédaigné cet ornement. Ne le dédaignons pas. Il est le résultat d'une souplesse extrême du larynx. Il trouve ici sa place, fût-ce à cause de l'erreur répandue dans l'enseignement de son mécanisme.

Le trille ne consiste pas en l'exécution, aussi rapide que l'on voudra, de deux notes.

Le mouvement du trille est étranger à l'agilité. Son mécanisme est particulier. La preuve : certains virtuoses reconnus par leur facilité de vocalisation n'ont jamais pu exécuter un trille. Et inversement.

Autre preuve : la grande vitesse en vocalisation est de 152 = ♩, au métronome, tandis que les vibrations du trille sont de 200 = ♩.

Enfin, il suffit, pour admettre notre théorie, d'essayer l'étude du trille telle qu'elle se trouve conseillée dans les méthodes, c'est-à-dire de commencer en lenteur des battements dont on augmente progressivement la vitesse : dès que le trille sera obtenu, on sentira que c'est grâce à un *mécanisme nouveau*, qui n'a pas de rapport avec le mécanisme précédent.

Le battement du trille tel qu'il est enseigné dans les méthodes est impossible à obtenir.

Physiologiquement, le trille résulte d'une tension, pour une note donnée, des replis vocaux auxquels est imprimée une succession de secousses retombant toujours sur la note donnée. L'intervalle de ces secousses est réglé, avec une résonance différente à chacune des deux notes.

Cette rapidité d'exécution peut devenir une démonstration pratique de la souplesse et de l'abaissement du larynx et témoigne une fois de plus des merveilles que peut accomplir l'admirable petit instrument.

On peut travailler longtemps le trille sans l'obtenir, nous dit-on, et il se peut qu'il vous soit révélé alors que l'on y songe le moins.

Pourquoi le trille serait-il un don spécial, un secret que certains chanteurs emportent dans la tombe?

L'élève soucieux de son art ne néglige rien des moyens de s'instruire. Il constatera que le battement est dû à une élévation et un abaissement rapides du larynx, et qu'il peut, en tenant un son filé, imprimer lui-même avec la main, ces mouvements à son larynx.

Il songera que la *tyrolienne*, ce très curieux effet vocal, s'obtient par une succession de sons à grand intervalle, dont le premier renforcé « en poitrine », comme on dit, l'autre, « en tête ».

La tyrolienne est un trille à intervalle de sixte.

Des chanteurs de café-concert, sans aucune éducation vocale, l'obtiennent facilement.

16

Dès lors, la lumière jaillit. Si le mécanisme est facile à grand intervalle, le travail est tout indiqué : Diminuer l'intervalle tout en gardant le mécanisme. Ce rapprochement est possible, pour tout le monde, jusqu'à un intervalle de tierce.

On commencera le travail par un intervalle de tierce et on continuera en rapprochant l'intervalle.

N° 35

Le battement peut être préparé par un simple changement de voyelle.

SONORITÉS NUANCÉES

Jusqu'ici vous vous êtes appliqué à former de beaux sons, à les tenir égaux de force et de timbre, sans ébranlement, ni chevrotement (et, si vous y avez réussi, c'est déjà un joli résultat), mais après le travail de la voix dans son ampleur, il faut chercher l'élasticité et la douceur.

Attaquez le son, puis, diminuez, petit à petit, le souffle sans déranger la position de l'appareil vocal ni de la bouche, si ce n'est en dilatant de plus en plus la gorge, en soulevant davantage le voile du palais, en plaçant plus que jamais la voix « en tête ».

N° 36

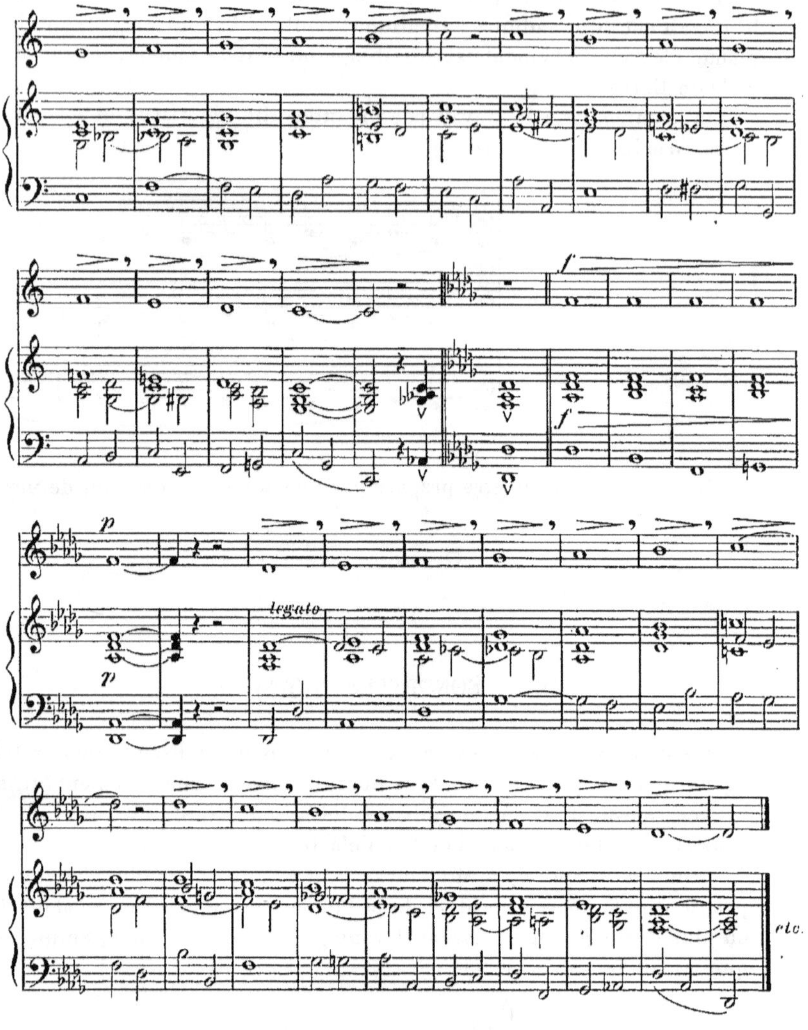

Nº 37

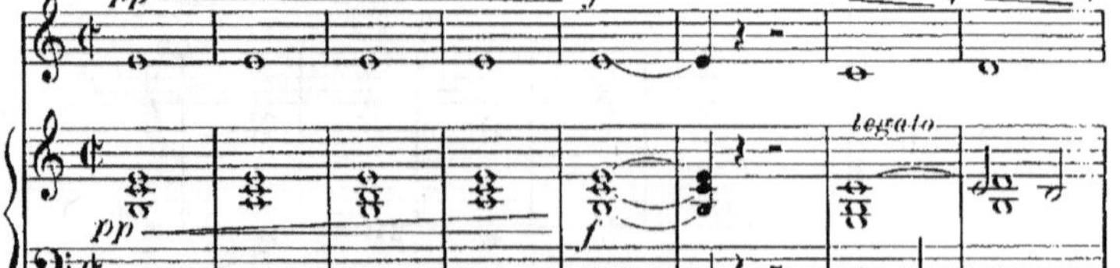

Mettez-vous devant un harmonium, tirez un jeu, puis l'*Expression*, et exécutez les deux exercices suivants :

N° 38

Remarquez le jeu des pédales : l'appui sur les *rinforzando*; la diminution de cet appui sur les *diminuendo*.

Voilà l'image de tout le mécanisme vocal.

Répétez ces exercices avec la voix, selon les règles établies déjà et appliquez ces principes à vos exercices, phrases, airs.

De ces exercices dépendent l'expression — et toutes les nuances de la voix.

C'est la base fondamentale du chant artistique.

❧

LE CHANT LIÉ ET SOUTENU

(TITRE EMPRUNTÉ A LA MÉTHODE DE M. FAURE)

Voici un art des plus brillants et des plus nobles.

Quelles ressources n'offre-t-il pas au chanteur? Il lui permet de doubler ses moyens, de mener la phrase sans fatigue, et, par un crescendo progressif et insensible, de la « passer » d'une sonorité douce à un *forte* intensif, obtenant ainsi, presque mécaniquement, de puissants effets d'expression.

Il rassure et charme l'auditeur par l'égalité du souffle et la tenue des sons, par le libre épanouissement du chant, par cette « tranquillité » qu'éprouve l'artiste et qu'il fait partager au public.

Là, se reconnaissent les véritables chanteurs.

Là, brillèrent les plus grands artistes.

« Chanter, l'archet à la corde. » L'expression de Rossini dit bien ce qu'elle veut dire; elle est d'un heureux choix; le violoniste, en effet, a la faculté essentielle de lier les sons, de les soutenir, grâce au contact permanent de la corde et de l'archet.

Le chant est *lié* par l'union parfaite des sons, les uns avec les autres — union que ne doit pas troubler l'articulation.

Le chant est *soutenu* lorsque le souffle lui donne l'unité qui caractérise l'orgue.

Le chant lié et soutenu est de toutes les époques, de tous les genres, de tous les styles.

Appliqué aux études, il exerce la respiration, il unifie la voix, — il forme le goût de l'élève.

Chantez la phrase suivante en plusieurs tons :

Publié avec l'autorisation de M. Choudens, éditeur.

Me di-sait dou-ce-ment: ___ Mi - reil - le, je vous ai - me!

Fût-il pauvre et ti - mi - de, et honteux de lui-mê - me,

J'é - cou-te-rais mon cœur ___ plu - tôt que ma rai - son; ___

poco cresc.   *dim.*   *pp*

Et sans sou - ci des ri - res ni du blâ - me,

Com - me dans une eau claire ay-ant lu dans son â - me,

Je lui tendrais la main,___ et je serais sa fem _ _ me.

Publié avec l'autorisation de M. Choudens, éditeur.

Chantez la phrase suivante en plusieurs tons :

PLAISIR
D'AMOUR
MARTINI

Nº 42

Plai _ sir d'a _ _ _ mour ___ ne du _ re qu'un ___ mo _

_ ment Cha _ grin d'a _ _ _

_mour du _ re tou _ te la vi _ _ _ _ e

smorz.

Publié avec l'autorisation de M. J. Hamelle, éditeur (édition Viardot).

ÉTERNEL SOUVENIR
PAUL PUGET

N° 43

Andante sostenuto *mf grave et expressif*

Je n'ou_blie_rai ja_

_ mais ton premier mot d'a _ mour,

dim.

Quoi _ qu'il m'en ait coû _ té d'en a _ voir fait ma

dim.

bl . . ble; Aux regrets, aux remords,

je saurai res-ter sourd: Je ne pen-se-rai

pas à ce qui fut ter-ri . . . ble.

Mais à ce qui fut doux, n'au-rait-ce é .

suivez un peu

té _____ qu'un jour. _____

Publié avec l'autorisation de MM. Henry Lemoine et Cie, éditeurs.

LA PAIX

REYNALDO HAHN

N° 44

Poco maestoso

La

paix, au mi_lieu des mois_sons, _____ Al ___ _lai _ te de beaux enfants

nus; _____ A l'en _ tour, des chœurs in _ gé _ nus Dan _ _

Publié avec l'autorisation de MM. Heugel et Cie, 2bis rue Vivienne, à Paris, éditeurs de cette mélodie pour tous les pays.

PAUL PUGET[(1)]

Adagio (♩.=46)   *dolce*

N° 45

Quand j'ai passé par la prairi _ e,

J'ai vu, ce soir, dans le sentier, _____ U_ne fleur trèmblan _ te et flé_tri_

_ e, U_ne pâ_le fleur d'é_glan_tier._

[1] Composé spécialement pour *Le Chant Théâtral.*

SONS FILÉS

Le summum de l'art mécanique.

Filer des sons, ce n'est pas un travail de la voix, c'est le résultat du travail de la voix. C'est le privilège d'une voix travaillée.

C'est comme une pierre de touche : par un son parfaitement filé, le chanteur démontre qu'il est arrivé à la parfaite connaissance de son appareillement vocal, c'est-à-dire à l'impeccable coordination qui doit exister entre la poussée d'air formant le branle glottique et l'accommodation des parois.

Il est stupéfiant de penser que nombre de professeurs comptent les sons filés parmi les premiers exercices.

L'élève s'efforce à un mécanisme qui lui est encore étranger, sa voix n'étant pas suffisamment cultivée, et il tombe, le plus souvent, dans le défaut de serrer la gorge et de fermer la bouche, en diminuant le son.

Il faut avoir la *volonté* d'exécuter le mouvement inverse à celui vers lequel on est naturellement porté et de vaincre l'instinct.

Bien au contraire, plus le son diminue, plus doit s'ouvrir la gorge, plus « l'attitude » générale doit être moelleuse, plus la voix doit se porter « en tête ».

Pour ceux qui auront utilement travaillé les *Sonorités nuancées* et le *Chant lié et soutenu*, ils seront déjà familiarisés avec les sons filés

N° 46

Si cette étude est impossible aux jeunes *élèves*, il est le travail quotidien de tout *artiste* soucieux de la souplesse de sa voix et qui veut en rester maître.

❧

Voilà quelques exercices choisis parmi les plus essentiels; ils suffisent pour étudier le mécanisme du chant.

Par cette esquisse, nous espérons avoir donné une claire application des règles précédemment prescrites. Peut-être aurons-nous aidé quelque peu les jeunes chanteurs.

❦

N. B. — Un cas particulier qui pourrait paraître une exception à cette règle, mais qui ne fait que la confirmer : Une jeune fille me fut confiée, après un an d'études avec divers professeurs. Elle filait assez bien certains sons, tandis que sa voix était mal placée, quelque peu malmenée. Je remarquai de suite que, dans les sons filés, son mécanisme n'était pas le même que dans les autres exercices, et celui-là était le bon. Elle n'avait dès lors qu'à prendre les attitudes et à régler son souffle selon la manière où son instinct ou, mieux, la nécessité, l'avait poussée pour les sons filés.

Du coup, cette chanteuse, dont par une trop violente soufflerie et un appui désordonné de la voix, on avait cru pouvoir faire un soprano dramatique — le cas est fréquent — devint un soprano léger. Elle était sauvée.

QUELQUES CONSEILS

Le premier de tous, acquérir les qualités de l'artiste :

Sensibilité, compréhension, amour du Beau et du Juste, horreur du convenu, mépris de la majorité imbécile, dédain de la médisance, courage, persévérance, foi !

❦

LE TRAC. — Nous l'avons défini : un état redoutable qui surexcite anormalement le système nerveux, qui précipite les mouvements du cœur, qui stimule ou anéantit et auquel aucun véritable artiste, jamais, ne peut se soustraire complètement.

Le *trac* résulte généralement du *scrupule* : l'inquiétude de manquer de mémoire devant le public, de faire une fausse note, d'être distrait, dispersé, incapable de concentrer sa pensée.

Il provient de la crainte d'être inférieur à sa tâche, ou inférieur à soi-même, soit d'un excès de modestie — louable, sans doute, ou d'un orgueil immodéré — louable, peut-être.

Le remède ? Il n'est pas dans l'accoutumance. On ne s'accoutume jamais à affronter le public. On ne peut trouver le remède que dans la sensation de s'être bien préparé à l'épreuve que l'on va subir. Il faut avoir si bien travaillé, être si sûr de sa voix, de son expression, de son attitude, avoir tant de fois répété son rôle, que l'on puisse l'interpréter, tel qu'on l'a fixé, *en passant à travers le trac.*

❦

HYGIÈNE. — L'hygiène du chanteur, ce sera l'hygiène tout court.

Tenez-vous les pieds chauds, comme dit l'autre, la tête fraîche, le ventre libre, et... moquez-vous des jaloux.

Un point noir : le système nerveux. Je ne pense pas que l'on puisse être un artiste sans avoir à en souffrir.

Soignez les nerfs par les médications et les régimes en usage et par *la volonté.*

Veillez à votre imagination : au commencement d'une représentation, tel chanteur *se croit* mal disposé. Survient un ami qui s'écrie : « Comme vous êtes en voix, aujourd'hui ! » Cela suffit. L'artiste termine brillamment la soirée.

❧

Ne chantonnez pas, vous habituez ainsi votre voix à ne pas porter. Vous la diminuez. Vous la contraignez à une résonance spéciale qui est défectueuse.

❧

Chantez, la digestion terminée.

Gardez-vous des anesthésiants suivis d'un effet congestif.

Aucune gêne dans le costume (principalement au col) ni dans les chaussures.

La ceinture est d'un excellent usage. Elle soutient le buste et devient un contrôle de la respiration.

QUELQUES DÉFAUTS

Le CHEVROTEMENT. — C'est le tremblement de la voix — très sensible dans les sons tenus. Terrible défaut, long à corriger.

Il peut provenir d'une disposition naturelle ayant pour cause des mouvements nerveux ou un manque de fixité du larynx, ou d'un mauvais fonctionnement du diaphragme, d'une respiration mal réglée. Mais, le plus souvent, il est le résultat de la poussée, de l'effort anti-physiologique du chanteur pour grossir sa voix.

On y peut remédier par des attaques de glotte sur O, la bouche complètement immobile et en augmentant progressivement la durée de la note.

On arrêtera le son dès que l'on sentira le tremblement, et... on recommencera patiemment.

Certains chanteurs affectent de chevroter. Ils s'imaginent que cela donne une « chaleur » à leur interprétation, une qualité émotive à leur voix, et, à la façon des orgues de barbarie, croient suppléer à leur manque de passion par un *vibrato* qui les illusionne. Ils servent au public « cette fausse monnaie du sentiment », selon la juste expression de M. Faure.

⚜

Le COUAC. — Entorse aryténoïde. C'est une faute qui résulte d'une poussée glottique ne correspondant pas à l'attitude vocale appropriée. En termes usuels : le son n'est pas placé.

Un chanteur qui, ordinairement, fait des couacs, ne connaît pas sa voix, ou il ignore à ce point la musique qu'il ne sait pas la note qu'il fait et qu'il appareille son instrument pour une autre note.

Un appui de souffle peut, quelquefois, éviter l'accident complet, *rattraper* le couac.

⚜

Le BLAISEMENT est la substitution d'une consonne faible à une consonne forte : Z à S, D à T.

Le IOTACISME, transforme les J et les G en I : *iamais* pour *jamais*.

Le ᴢᴇᴢᴀʏᴇᴍᴇɴᴛ est le remplacement de J ou G par Z.

Lᴀʟʟᴀᴛɪᴏɴ ᴏᴜ ʟᴀᴍʙᴅᴀᴄɪsᴍᴇ. Accent auvergnat : *chauchichon* pour saucisson.

Le ɢʀᴀssᴇʏᴇᴍᴇɴᴛ est la prononciation de l'R par un mouvement du gosier au lieu d'un roulement de la langue. Si l'élève *entend* la différence de ces deux modes de formation, il est guéri du coup. A défaut, on emploie la méthode connue de TEU, DEU, LEU que l'on répète sans interruption et en augmentant la vitesse jusqu'à ce que les mouvements de la langue aient entraîné la vibration.

LES VIRTUOSES SANS LE SAVOIR

« Le professeur de chant! Toujours le professeur! On ne peut donc rien faire sans professeur, dans un art qui semble tout d'intuition! »

C'est ainsi que parlait, à l'heure des cigarettes, mon ami le sculpteur, alors que le soir jetait déjà des ombres reposantes dans l'atelier, où le piano, maintenant, restait silencieux...

— D'abord, cher maître, ne confondons pas la musique et l'instrument — le chant et la voix. Dans l'art lyrique, il est une partie intellectuelle ; mais, en même temps — et même avant tout — il en est une autre, sans laquelle, hélas! tout le génie artistique du chanteur demeurera stérile. C'est la partie matérielle, le mécanisme de la voix, le clavier vocal. Au surplus, et loin de proclamer indispensable notre intervention, je vous déclare que l'intelligence, ou seulement l'esprit d'observation, pourrait en tenir lieu, dans un art d'intuition, comme vous dites. Et si vous voulez prendre une leçon d'*émission*, écoutez les artistes de nos théâtres, comparez le timbre des différentes voix; tâchez de saisir les diverses sonorités des instruments, étudiez le cri des animaux. Non, ne vous donnez pas tant de mal, si vous avez un esprit attentif. Sortez simplement de chez vous.

— Et alors?

— Alors, vous étudierez, par exemple les cris de la rue. Vous essaierez de saisir les raisons pour lesquelles les « vitriers » obtiennent cette sonorité stridente de l'i, sonorité qu'ils ont le soin de conserver à l'é final, en le *pinçant* presque autant que l'i : « vitri-i-i-i-ier! » et vous constaterez que le « chand d'habits! est presque aussi malin que son confrère le vitrier.

Vous admirerez le génie du marchand de moules dont la chanson en *ut* : « *La moule est fraîche! la moule est bonne ! à la moul' à la moul' !* » s'exécute sur *do*, *ré*, *mi*, c'est-à-dire, sur des notes dites de *passage*. C'est, pour ceux qui n'ont pas travaillé, un difficile fossé à franchir, cher sculpteur. Or, le marchand de moules se joue de cette difficulté comme un virtuose accompli.

— La chanson de ces marchands est donc toujours en *ut?*

— Je l'ai annotée plusieurs fois, et — chose admirable ! — tous la chantent dans le même ton. Et je vous garantis que ces commerçants-là n'ont pas un diapason dans la poche de leur blouse. Encore, ne sont-ils que des enfants, comparés aux marchandes de... fromage à la crème! La chanson de celles-ci : « *A la crème! fromage à la crème!* » est écrite, elle aussi, sur trois notes de *passage*. Vous verrez les marchandes de fromages à la crème triompher de cette difficulté en souriant.

Et croyez-vous qu'il soit facile d'annoncer pendant plusieurs heures : « *Le bon mouron pour les p'tits oiseaux* » ou bien « *Héreng qui glac', qui glac', héreng nouveau* » sur les éternelles trois notes?

Plus heureux, les vendeurs d'artichauts : « *Artichauts vert' et tend', les beaux artichauts tend', les beaux artichauts!* » ont une chanson qui comprend une longue quinte à la fin de laquelle ils font leur effet sur un beau point d'orgue.

Vous remarquerez l'esprit conservateur des marchandes de violettes, qui continuent les traditions du vieil opéra-comique, en faisant alterner le chant avec le dialogue, ou, si vous aimez mieux, avec le monologue. Elles prennent une bonne respiration, et, sur les trois notes, elles lancent : « *A la violette! la belle violette!* » puis, tout de suite, parlé : *V'là la bell' violett qu'embaume!* »

... Mais je ne veux pas vous contraindre à vous lever trop tôt, ni à explorer les quartiers trop lointains. Je vous enverrai, à d'autres heures et en d'autres lieux, prendre votre leçon d'*émission*.

— Ah! voyons les cris pour hommes du monde!

— Vers la fin de la journée, au moment où, sur la terrasse des cafés, se rue, l'été, la foule des buveurs, où les tables se colorent de toutes les gammes des apéritifs frelatés, à « l'heure verte », une bande de camelots, qui semblent surgir du pavé, font tout à coup l'assaut des trottoirs.

Au milieu des cris dont ils assourdissent le boulevard, il en est deux qui dominent : « *Paris-Sport* » : puis « *La Presse!* »

Or, tandis que ce dernier cri est poussé par des larynx médiocres, les vendeurs de « *Paris-Sport* » sont généralement doués de voix sonores et bien timbrées. Quelques-uns seraient capables de lutter avec les marchands de tonneaux qui, comme on le sait, sont les maîtres incontestés de Paris pour les belles sonorités.

Les malheureux vendeurs de la *Presse* sont tous affligés de laryngite, de laryngite aiguë. Je sais bien que, souvent, il s'agit ici de troubles d'un ordre spécial et les laryngites alcooliques ou... autres ne sont pas rares.

Mais il est intéressant de rechercher les raisons de désordres qui atteignent les uns et épargnent les autres.

L'appel des marchands de tonneaux est une chanson. Celui des vendeurs de journaux, un cri. La chanson exige la souplesse du larynx; le cri ne tarde pas à contracter dangereusement les cordes vocales.

Les premiers, écoutez-les : « *Teunneaux! teunneaux! chand d'teunneaux!* » et, de tout temps, ce fut la même voix ronde et chaude. C'est à croire que, de père en fils, ils se lèguent le secret de la bonne émission, en même temps que leur commerce. Il est vrai que, loin du tumulte de la rue, on les entend souvent dans une cour silencieuse, dont les quatre murailles sont favorables à la sonorité, et qu'ils traînent avec eux les tonneaux, les bons tonneaux vides qui jouent le rôle de caisse d'harmonie. Car ces industriels sont véritablement favorisés. Voyez comme tout concourt pour eux à la bonne qualité du son : « *chand* », nasale qu'il leur est impossible d'*écraser* ou de *poitriner*, qui sonne assez pour qu'ils ne commettent pas la faute de l'appuyer sur la gorge, en croyant en augmenter l'intensité, qui se place toute seule et qui va admirablement préparer le reste de la phrase. Le T est favorable à l'attaque et nous nous trouvons alors en présence de deux belles sonorités en EU et en O, dont la dernière sur la note supérieure de la chanson — sur la dominante.

Il n'y a que les marchands de tonneaux pour avoir une telle chance !

Et les pauvres déshérités de *La Presse* luttent contre le malencontreux *è ouvert*, voyelle parfois difficile à émettre.

Quelques-uns en font un *é fermé* « La Présse ». D'autres, pour en augmenter la sonorité, se livrent à un effort inconscient qui, répété tous les jours, les fatigue rapidement et afflige leur larynx de perturbations graves.

Ces Jourdains du boulevard font du mécanisme sans le savoir et, parfois, en véritables virtuoses : nous en trouvons la preuve dans les modifications qu'ils ont imaginées pour faciliter leur tâche.

Dans « *Paris-Sport* » ils suppriment presque le mot *Paris*, qui n'est pas important et ils réservent tout leur effet pour *Sport* qui est le mot principal et qui termine la période : « *Paris-SPORT* ».

Voyons maintenant la phrase complémentaire qui suit l'annonce du journal : « *Résultat complet des courses!* » et les suppressions successives qu'elle subit, à cause des difficultés d'articulation qu'elle présente et de la longue respiration qu'elle exige.

C'est d'abord : « *...tal complet des courses !* » Puis : « *Complet des courses!* » enfin : « *...plet des courses!* » Mais la sonorité de l'*ou*, de *courses*, mot principal de la phrase et ultime son, leur paraissant trop sourde, surtout après l'éclat de *Sport*, les crieurs ne tardent pas à dénaturer cette syllabe et à la tourner vers l'*u*, plus facile à timbrer et qui soulève le voile du palais.

Et nous avons alors : « *Sport! ...plet des curses !* »

Le vendeur de journaux n'est pas seulement un virtuose, il est muni d'un véritable magasin de ficelles.

Tel un vieux chanteur de retour.

TROISIÈME PARTIE

Le Chant Artistique

LE CHANT ARTISTIQUE

Extrait du *Rapport au Président de la République Française* — 3 février 1906 — sous la signature de M. Bienvenu-Martin, ministre de l'Instruction publique, des Beaux-Arts et des Cultes. (*Journal officiel.*)

LES examens du Conservatoire national de musique et de déclamation ont révélé une fois de plus le manque de préparation des élèves au point de vue de l'interprétation des rôles. Les résultats constatés laissent supposer qu'en général les élèves sont plus soucieux de développer leurs qualités vocales que d'apprendre le métier proprement dit d'artiste lyrique, qui comporte des études variées et consiste autant à bien jouer et à bien dire qu'à bien chanter.

Il semble indispensable de remédier à cette lacune de l'enseignement. Une part de l'effort à faire pour atteindre le but doit être le fait de l'élève lui-même qui cherchera à s'élever à la compréhension exacte du rôle par une étude attentive et réfléchie de l'ouvrage auquel il appartient, par des lectures appropriées des œuvres qui peuvent en faciliter l'intelligence, en un mot par un souci de recherches qui fait défaut à beaucoup d'entre eux.

L'autre part concerne l'enseignement du Conservatoire qui n'a pas pour unique objet la déclamation lyrique, mais doit s'étendre à tout ce qui intéresse l'art si complexe du chanteur d'opéra ou d'opéra-comique, en s'appliquant à montrer aux élèves qu'ils ne deviendront de véritables artistes que s'ils réunissent des qualités très diverses de diction, de style, d'articulation, de compréhension scénique et possédant, en même temps que les connaissances techniques indispensables, une culture générale à la fois littéraire et musicale.

LA DÉCLAMATION LYRIQUE

« La science du mécanisme est la fondation de l'édifice.
L'art du chant est l'édifice lui-même. »

Ce qui précède est la partie *matérielle* du chant, comprenant les moyens *mécaniques* et *pratiques* de réaliser l'*idée artistique* ; nombre d'élèves n'ont pas conduit leurs études au delà de ces moyens.

L'*Idée artistique* ne comporte pas une définition mathématique : rien ne la borne que le goût ; elle est modifiée ou plutôt diversifiée selon l'organisation, la mentalité, la sensibilité de l'artiste.

C'est la partie *intellectuelle* du chant théâtral ; on pourrait dire qu'elle en est l'âme.

☙

La musique théâtrale est associée avec la parole.

Tour à tour, chacun de ces arts l'a emporté sur l'autre. Dans l'Antiquité, le Verbe régnait en maître. L'ancien opéra-comique plaçait au même plan la Parole et la Musique. Notre époque a pu voir celle-ci dominatrice.

Les Allemands l'ont enrichie. Mais Wagner lui a dit : « Nous ne t'avons faite si belle que pour te soumettre. Tu ne seras jamais, tu ne dois jamais être que l'épouse ; et le Verbe, ton Seigneur éternel, éternellement dominera sur toi. »

Charles Gounod a écrit :

« On se méprend du tout au tout sur la fonction et sur le rôle de la voix ; on prend le moyen pour le but et le serviteur pour le maître. On oublie qu'au fond, il n'y a qu'un art, LA PAROLE, et qu'une fonction, EXPRIMER ; que, par conséquent, un grand chanteur doit être, avant tout, un grand ORATEUR. »

Et avant ces deux artistes de génie, Diderot, dans le *Neveu de Rameau*, formulait la définition suivante :

« Il faut considérer la déclamation lyrique comme une ligne et le chant comme une autre ligne qui serpenterait sur la première. Plus cette déclamation, type du chant, sera forte et vraie, plus le chant, qui s'y conforme, la coupera en un plus grand nombre de points : plus le chant sera vrai et plus il sera beau. »

☙

L'art de la déclamation lyrique implique donc deux règles : l'une, matérielle, repose sur l'exercice d'un organe physique ; l'autre, spirituelle, participe de la pensée.

Une anecdote éclairera cette affirmation :

Alors que j'étais élève au Conservatoire, j'eus la chance d'intéresser Carvalho qui me permit, avant la fin de mes études, de fréquenter l'Opéra-Comique. « Venez prendre l'air de la maison », me dit-il.

Dans l'ombre de quelque baignoire, j'assistai souvent à des répétitions. Deux artistes avaient mes préférences : Taskin et Mme Heilbron. La postérité est injuste à l'égard de Mme Heilbron : on ne l'entend jamais citer comme un exemple. Pourtant, quelle belle artiste ! Partie de l'opérette, elle avait su s'élever rapidement.

Elle avait, à ce moment-là, trente-deux ans, je crois ; elle en paraissait vingt-cinq.

On préparait *Manon*. Chaque fois que se répétait le deuxième acte, arrivée à la lecture de la lettre : « Elle eut hier seize ans », Heilbron s'interrompait et se tournant vers Massenet : « Je vous en prie, laissez-moi dire : elle eut hier *vingt ans !* » Et Massenet de lever les bras ! Et Philippe Gille de répliquer : « Je corrigerai la phrase, je mettrai : *quinze ans !* »

Après *Manon*, elle créa *Une Nuit de Cléopâtre* de V. Massé. Au deuxième acte, si ma mémoire est fidèle, se trouve une phrase où Cléopâtre avertit un esclave, épris d'elle, du sort terrible qu'il se prépare. Heilbron, dont les moyens vocaux étaient restreints, interprétait ces quelques mesures avec une parfaite unité d'émission, avec une ampleur et une force d'expression véritablement émouvantes.

Un jour, souffrante, elle demanda de se ménager pendant la répétition. Elle dit alors sa phrase sans donner de voix. L'effet fut plus saisissant encore.

Délivrée de la préoccupation vocale, l'interprétation de l'artiste devenait libre — libre aussi sa formation verbale. De plus, la chanteuse éprouvait cette sensation que, le son matériel faisant défaut, il en fallait remplacer l'effet par un redoublement d'articulation et de déclamation.

Elle sut réaliser toutes les intentions, exprimer toutes les nuances, maintenir l'équilibre tout entier ; elle *doubla son émotion...* et la mienne.

Ainsi me fut révélé l'Art de la Déclamation Lyrique.

⁂

Je me ferais un crime de ne pas rapporter, à mon tour, l'anecdote qui traîne dans toutes les « méthodes » sur le soi-disant système de l'ancienne école italienne.

Savez-vous comment s'y prenait, pour former un élève, le maître Porpora, l'un des plus célèbres professeurs de chant ? — Pendant cinq ans, il l'obligeait à travailler une page d'exercices de vocalisation — une seule — jusqu'à ce qu'il fût parvenu à l'exécuter dans la perfection. Alors, seulement, il

le congédiait et lui disait : « Va, maintenant tu es un grand chanteur. »
Ou Porpora n'a jamais tenu un tel propos ou il n'était qu'un imbécile ayant
usurpé sa réputation.

Je me refuse à le croire, sachant qu'on peut prêter les opinions les plus
ridicules aux professeurs.

Comment un bon maître aurait-il pu prendre pour un « grand chanteur »
un élève en possession seulement du mécanisme de son art, eût-il, d'ailleurs,
atteint, en cette partie, la perfection ? Au reste, il n'y pouvait parvenir avant
de s'être longuement entraîné à une exécution dans une grande salle, devant
le public, ce qui est, on le comprend, un nouveau travail.

Ce « racontage » ne dit pas si Porpora avait seulement fait articuler à son
sujet une voyelle ou une consonne, s'il avait juxtaposé des paroles sur ces
exercices, s'il s'était occupé de l'articulation, de la valeur d'une phrase ou
d'un mot, de leur couleur, de leur portée.

L'élève avait-il étudié la déclamation, la phraséologie ? Son goût musical
était-il formé ? Avait-il la moindre idée des styles différents des différents
personnages de son emploi ? La psychologie de ces personnages lui était-elle
révélée ? Avait-il songé à l'expression, à la mimique ?

En une seule page, une seule, avait-il acquis tout ce qui fait un grand chanteur, c'est-à-dire, précisément, ce qui lui permet... de se passer de sa voix ?

Aujourd'hui encore, nombre d'élèves sont convaincus, dès qu'ils jugent
leur voix *posée*, qu'il leur suffira d'apprendre quelques gestes, de « faire un
peu de mise en scène », pour être prêts à aborder la scène lyrique.

Dans leur ignorance, ils prennent la déclamation pour la mise en scène ;
ils confondent les *indications* d'un régisseur avec l'*enseignement* d'un professeur.

Et si, par aventure, ils n'ont pas trop d'indulgence pour leurs propres
moyens, s'ils ne prennent pas leur désir pour la réalité, si, en effet, leur
voix est *posée*, les voilà exactement dans les mêmes conditions que l'élève
de Porpora : ils sont tout juste préparés... à travailler.

Hélas ! toutes ces légendes ne servent qu'à perpétuer les errements.

Celle-ci corrobore la phrase que l'on prête à Rossini — et dont il est impossible qu'il soit l'auteur :

« Pour réussir, il faut de la voix, encore de la voix, toujours de la voix ! »

⚜

Non, l'art du chanteur ne se résume pas en une connaissance — même
approfondie — du mécanisme de sa voix.

Il faut se garder de prendre pour modèles certaines célébrités que l'on
impose à notre admiration, qui manquent des qualités les plus nobles de l'artiste et à qui il ne resterait rien si on leur retirait la voix.

Certes ! ces sujets savent filer un son ; ils n'ignorent rien des effets faciles ;
ils respirent amplement ; ils préparent la longue période et mènent au bout

la phrase qui, par des oppositions exagérées et anti-musicales, par toutes les ficelles de métier, déchaînera les bravos ; ils connaissent les moyens de flatter le goût vulgaire d'un public ignorant.

Mais songent-ils à l'*interprétation ?* Ont-ils le moindre souci du style et de l'expression ? S'efforcent-ils d'atteindre à la puissance par la vérité, par la simplicité, par l'émotion ? Ont-ils, un seul instant, l'idée d'accéder aux parties élevées de l'art ? Ne démontrent-ils pas, à chaque son, qu'ils prennent le chant pour *un moyen,* non pour *un but ?* Ont-ils seulement songé à la compréhension exacte de leur personnage, à son caractère, à sa signification, à son rôle dans le Drame ? Et ce Drame, lui-même, en possèdent-ils une connaissance suffisante ? Tentent-ils de pénétrer la pensée de l'auteur ? Ne les voit-on pas se mouvoir, comme s'ils y étaient étrangers, dans une action à laquelle ils ont la grande part ? On se rappelle la sereine indifférence de ces deux célèbres cantatrices dont l'une ignora, pendant quinze ans, que *Rigoletto* fût tiré de *Le Roi s'amuse,* tandis que l'autre ne consentit pas à lire *Notre-Dame de Paris,* d'où était extrait l'opéra dans lequel elle jouait le rôle d'Esmeralda.

S'appliquent-ils à l'apparence extérieure du personnage qu'ils incarnent ? Songent-ils à harmoniser, avec ce personnage, les traits de leur visage, leur silhouette, leurs attitudes, leurs gestes, l'expression générale, le costume ?

Non, ils ne s'efforcent qu'à l'effet matériel : la sonorité.

Vous êtes allé quelquefois au cirque ; vous y avez suivi avec curiosité les exercices des clowns : dans un tournoiement de feux sur les oripeaux, les virtuoses s'élancent, montent, redescendent, s'élancent de nouveau. Ils vous intéressent surtout parce qu'ils vous étonnent. Une fois sorti, vous n'y songez plus, à moins que vous ne vous attardiez à regretter une soirée perdue.

L'art des chanteurs dont nous parlons ressemble un peu à l'art des clowns, réduit, en somme, à l'exécution d'exercices amusants, surprenants et difficiles.

❧

Mais vont-ils donc se complaire ainsi à leur ignorance ?

Refuseront-ils d'apprendre quels sont les multiples moyens que l'on emploie pour arriver au *fini* exigé par chaque personnification de théâtre ?

Écoutons ce que dit à cet égard l'un des *artistes* les plus *cultivés* de notre époque, Maurice Renaud :

« D'abord, *étude approfondie et méticuleusement exacte de la partie musicale* avec la volonté constante de pénétrer et respecter l'écriture du compositeur dans ses moindres détails. Puis, le *travail vocal* ou réalisation sonore et chantée de l'étude précédente. La partie étant auparavant parfaitement et sévèrement apprise, tous les *effets de chant,* toutes les nuances, toutes les variétés ou oppositions de timbre et de coloris vocal doivent et viennent d'eux-mêmes concourir à la réalisation aussi sincère que possible des intentions du musicien.

Parlerai-je de la *déclamation*, de l'étude du *poème* dont le but est de donner leur valeur et leur relief aux phrases et aux mots? Ce sera seulement pour signaler les atteintes à la prosodie, puis la contradiction et même l'antagonisme existant trop souvent, surtout dans les traductions, entre la phrase musicale et la phrase littéraire.

. . . .

Pour quelque personne que ce soit, tout doit concourir à l'illusion scénique. Il faut aussi trouver l'extérieur du personnage, sa tête, sa physionomie, son costume, son allure générale, sa démarche même.

Ce travail fait, et *bien fait*, le personnage, dès les premières répétitions en scène, s'établit en quelque sorte automatiquement. Si la conception en est juste, tous les effets dits *de théâtre*, insupportables lorsqu'ils ne sont que des effets, sans lien avec l'âme du rôle, viennent d'eux-mêmes sous les pas, dans les bras et aux yeux de l'acteur.

Il n'y a pas une difficulté : il y en a mille. Il n'y a pas une différence entre un rôle parlé et un rôle chanté : il y en a d'innombrables. Un chanteur a, en plus d'un comédien, la préoccupation de la musique, de la mesure, de sa *voix*, de cette *voix* dont il fait un usage certainement abusif et anormal et que le moindre événement ou la plus petite indisposition vient troubler. Préoccupation de l'essoufflement, de l'émotion, cette émotion que peut faire éprouver, sur le théâtre, même et aux plus bronzés, une situation, une phrase, une scène. Cette émotion réellement sentie, qui donne au jeu du comédien une intensité poignante, contracte la gorge du chanteur au point de lui enlever toute voix.

Pour conclure, je ne pense pas que jamais le travail ait donné du *génie*; mais c'est là un mot infiniment trop ambitieux.

Je crois fermement que, dans une nature bien équilibrée, le travail constant peut donner du *talent*, du *talent seulement*; c'est déjà un résultat beaucoup moins commun qu'on ne le pense. »

⁂

Combien de volumes faudrait-il écrire pour esquisser seulement quelques idées sur le *Chant Artistique!*

Mais, peut-on, dans un livre, enseigner la déclamation lyrique? Non, pas plus que la littérature; toutefois, le livre est d'un puissant secours, en ce qu'il meuble la mémoire, fixe les principes généraux et commence l'initiation. La leçon quotidienne le développe et le complète; encore incombe-t-il au professeur le soin d'indiquer à l'élève la manière de comprendre un rôle, d'en apprécier le caractère et les beautés et le soin non moins délicat d'enseigner à ce même élève la manière dont on rehausse sa propre culture intellectuelle et même sa mentalité.

⁂

Il s'agit d'étudier le caractère d'un rôle ou seulement une partie d'un rôle. Prenons un exemple :

Dans le « songe » d'*Iphigénie en Tauride* —, pour choisir parmi les ouvrages classiques, l'un des plus difficiles et des plus féconds en enseignements —, la voix, afin de traduire le sentiment et l'expression des diverses phases, doit recourir à divers modes d'émission. Car ce morceau exige de l'interprète une combinaison vocale très diverse et très étudiée, non seulement à cause des inflexions nécessaires, des expressions différentes et des nuances si variées, mais aussi à cause du récit même de ce songe, lequel est en dehors de l'expression générale.

Voici venir Iphigénie, la douce, la tendre, la « divine Iphigénie ». Dès son entrée, son attitude, ses gestes, sa physionomie, sa diction, la qualité et les inflexions de sa voix, tout ce dont l'artiste dispose pour peindre le personnage et la situation doit concourir à nous les représenter parfaitement.

Elle se lamente ; elle a revu en songe le palais de son père ; elle allait oublier « en ces doux moments » tant « d'anciennes rigueurs » et tomber dans ses bras.

Mais, elle fait le récit de ce qui se passe ensuite. Et voici que la « terre tremble sous ses pas », que le « soleil indigné » fuit, que la « foudre en éclats tombe sur le palais, l'embrase et le dévore. » Et au milieu des « débris fumants », se présente son père, « sanglant, percé de coups » et fuyant la « rage meurtrière » d'un « spectre inhumain » qui n'est autre que sa mère ! Et cette mère l'arme d'un glaive et disparaît. Comme elle va fuir, on lui crie : « Arrête ! » C'est Oreste. Elle veut lui tendre la main... Un « ascendant funeste » force son bras « à lui percer le sein ». Quelle scène épouvantable ! Comment ne sent-on pas la nécessité de varier la voix, l'expression, l'attitude, tous les moyens d'interprétation au récit de cet abominable cauchemar, pour redevenir ensuite la divine Iphigénie, implorant Diane en des accents d'une foi émue, d'une sérénité supérieure, dominant les orages de l'âme.

C'est à dessein que nous avons choisi ce morceau comme exemple de travail. On en fait trop fréquemment l'objet d'une fausse interprétation. Sous prétexte, croyons-nous, de conserver au personnage son caractère de victime expiatoire, on débite, sans aucun relief, le récit du « songe », avec une préoccupation de l'uniformité qui forcément amène la monotonie et la froideur.

Il y a là une erreur ; pour s'en convaincre, il suffirait, non pas même de pénétrer la pensée du compositeur, d'analyser les paroles et l'action, mais, tout simplement, de se laisser aller au mouvement et à l'émotion de la musique.

❧

Enseigner la déclamation lyrique, c'est enseigner la phraséologie, l'articulation, le style, la musique, la littérature, l'esthétique, la callisthénie : le chant théâtral.

Un professeur de déclamation lyrique doit être un professeur de sensibilité artistique.

L'ARTICULATION

L'artiste, comédien ou chanteur, contracte à l'égard du public un devoir de politesse ; et le premier acte de cette politesse est de lui permettre d'entendre ce qu'on lui dit.

« L'articulation, c'est le dessin de la diction. Une phrase de Samson, articulée comme il savait le faire, cela valait pour la caractérisation d'un personnage, un portrait au crayon de M. Ingres[1]. » Il s'agit ici de l'art du comédien. Pour le chanteur, le premier bénéfice qu'il trouve à l'articulation, c'est qu'il *place*, du coup, sa voix, qu'il la *pose*. Il obtient ainsi ce qui est l'objet de ses premiers vœux.

Articuler, cela peut paraître une étude primaire. C'est tout simplement le summum de l'art. C'est la qualité que vous trouverez toujours et avant tout chez les grands artistes. Que dis-je ? Chez tous les artistes qui ont la faveur du public, qu'ils appartiennent à la Comédie-Française ou au café-concert.

Je ne connais pas telle vedette de music-hall. On me dit que la foule l'acclame et on ajoute qu'il n'a aucun talent. C'est possible. Mais je suis sûr qu'il articule. Et c'est peut-être là sa seule qualité, celle qui suffit à le mener au succès et à la fortune.

Tous ceux qui s'adressent au public — et cette nécessité s'impose plus impérieusement au théâtre qu'ailleurs — doivent se préoccuper d'élargir la portée des mots, d'en rehausser la signification.

Dans un théâtre, il y a toujours, au fond de la salle, un vieil abonné, un peu sourd et myope, dont le jugement pourra décider de votre succès. Jouez pour le vieil abonné.

De même que vous réglerez vos jeux de physionomie et vos gestes avec une telle justesse et une telle expression que ce myope ne perdra rien des sentiments que vous voulez exprimer, de même vous prononcerez, vous articulerez, vous émettrez votre voix de telle sorte que tout ce que vous direz arrivera clairement à l'oreille du sourd. Articulez à ce point que, sur vos lèvres, le sourd puisse *lire* vos paroles.

Mais il y a nécessairement dans une phrase un mot principal : il faut s'appliquer à le reconnaître, à le souligner, à le mettre en relief.

[1] Coquelin.

Car si nous prenons le chanteur qui articule le mieux du monde, que nous lui fassions interpréter le passage d'un opéra où l'orchestre couvrira le moins sa voix, devant l'auditeur le mieux appliqué que nous trouverons, il n'arrivera à l'oreille de cet auditeur qu'une partie des mots prononcés par l'artiste, et, s'il les comprend tous, c'est qu'il aura deviné le reste. Il aura reconstitué les phrases avec les mots qu'il aura pu saisir.

De ce résultat, il faudra féliciter l'interprète, car ce seront sûrement les mots principaux qu'il se sera particulièrement attaché à mettre en valeur, en accent et en couleur.

⚜

Régnier, qui fut mon maître, et qui me révéla tout ce que je sais du théâtre, disait ceci :

« Vous avez un secret à confier à un ami. Mais quelqu'un est là, dans la pièce voisine, qui peut vous entendre. Que faites-vous? Vous vous placez en face de votre ami et, en *éteignant* le plus possible votre voix, vous chargez l'articulation de lui faire entendre vos paroles, en même temps que vos lèvres aideront à lui *montrer* les mots. Votre ami vous *regardera* parler, autant qu'il vous *écoutera*. L'articulation aura rendu le son inutile[1]. » Et le grand comédien, le fin lettré, l'homme de conscience et de bien qu'il était, le glorieux maître de Coquelin, de Sarah Bernhardt et de tant d'autres artistes illustres, ajoutait, avec ce sourire bienveillant que je verrai toujours et auquel, jamais, je ne pourrai songer sans reconnaissance et sans attendrissement : « Voilà, mon enfant, le moyen de corriger tous les défauts d'une articulation incomplète. »

Saint-Germain, l'un des plus remarquables comédiens du siècle dernier, arrivait aux effets les plus tragiques malgré une laryngite chronique qui jetait un voile épais sur le timbre de sa voix, et des suites de laquelle, dit-on, il mourut. Il se plaisait à conter des anecdotes empruntées à l'inépuisable répertoire de la vie de théâtre et il choisissait, de préférence, celles qui avaient trait *à la voix*, lui qui en était tant dépourvu, ce qui ne manquait pas d'être instructif.

Dans ces amusants récits, il était souvent question de Machanette, un comédien connu par ses fanfaronnades, la bonne opinion qu'il avait de lui-même (ce n'est pourtant pas une particularité) et la vanité qu'il tirait d'une voix généreuse. A cause de cela, sans doute, Saint-Germain lui gardait une ironie particulière.

Machanette, après avoir débuté au Théâtre-Français dans l'emploi de Talma — il avait là une belle occasion de modifier son nom — était tombé, de chute en chute, à tenir des bouts de rôle sur des scènes du boulevard. A l'Ambigu, il joua, dans les *Deux Orphelines*, l'un des ivrognes qui, au premier acte, traversent le théâtre.

---

[1] Rapporté par Legouvé. *L'Art de la Lecture.*

Après cette rapide apparition, il remontait dans le réduit qu'on lui avait assigné pour s'habiller, au cinquième, près des figurants. Il y remontait d'un pas majestueux et lent, ainsi qu'il convient à celui qui a porté la pourpre de César, et laissait échapper, à chaque marche, en l'accompagnant d'un geste tragique, une exclamation dont on abuse peut-être dans le monde des théâtres, depuis qu'un général fameux l'a rendue historique... Arrivé sous les toits, il prenait devant sa glace une attitude des plus lyriques et, se regardant de la tête aux pieds, il s'écriait : « Quelle g.....! Voilà ce qu'ils ont fait de toi ! »

Et Saint-Germain nous contait la fumisterie dont le pauvre Machanette avait été l'objet, à l'époque de ses débuts à la Comédie. Il prétendait avoir une voix d'une telle puissance qu'il lui était impossible de travailler dans son appartement, trop petit, dans la crainte d'y briser les vitres ! Un jour, il fut invité à déjeuner chez Brébant, en compagnie de quelques camarades. Au dessert, on le pria de dire les *Fureurs d'Oreste*. À peine avait-il commencé que les vitres volèrent en éclats. Les garçons accoururent. La foule s'ameuta sur le boulevard. Les camarades de Machanette, à un signal convenu, avaient jeté la vaisselle par la fenêtre !

Pauvre Machanette ! Ce fut une des nombreuses victimes du théâtre. On peut dire que le ridicule le tua — assez tard, du reste, car il est mort à l'âge de soixante-douze ans.

Au temps de sa jeunesse, Saint-Germain avait joué avec lui, en province, ou dans la banlieue de Paris, *Les Quatre Sergents de la Rochelle*, ou tel autre vieux mélodrame. Il y avait, au deuxième acte, un complot entre quatre personnages — les quatre sergents, sans doute — et Machanette avait tellement haussé le ton que tous criaient à tue-tête.

Saint-Germain attendait sa réplique, dans la coulisse où il se désolait à l'idée de se faire entendre après ces vociférations. Enfin, n'y tenant plus, il entre essoufflé, sans force, et, d'une voix éteinte : « Mes amis, nous sommes perdus. Vous avez parlé tellement fort qu'on vous a entendus de la place d'armes. Tout est découvert ! »

Les conspirateurs, ahuris de cette arrivée inattendue, se demandaient, atterrés, comment on allait pouvoir continuer la pièce, qui se trouvait terminée au deuxième acte, puisque tout était découvert et qu'il ne leur restait plus qu'à être fusillés, lorsque Saint-Germain ajouta : « Eh bien ! Non ! Rassurez-vous ! J'ai voulu vous éprouver. Mais je vous en conjure, pour notre sécurité à tous, à l'avenir, ne criez pas si fort ! » Et il sortit prestement.

⚜

On conçoit bien que crier et articuler ne sont pas la même chose : une phrase criée arrive rarement à l'oreille aussi complètement qu'une phrase nettement articulée.

La consonne est le point de départ de l'articulation.

Les bonnes vieilles grammaires — quelques-unes sont restées excellentes — soumettaient en quelque sorte la consonne aux voyelles, puisqu'il était dit dans le chapitre élémentaire que la consonne ne forme un son qu'avec le secours des voyelles. Mais, dans les chapitres destinées aux classes du cours secondaire, il était longuement parlé des consonnes labiales, dentales, palatales... etc... et l'articulation reprenait son rang, ses droits, devenant par le mouvement naturel de l'appareil extérieur vocal la voix que les muets eux-mêmes entendent parce qu'ils la lisent avec leurs yeux et que la physionomie en est modifiée.

Nous avons dit que la consonne est le coup de marteau qui *pose* la voyelle et le coup de pinceau qui lui donne *sa couleur*.

Pourquoi les chanteurs ne tiennent-ils pas pour essentiel de bien articuler? Neuf fois sur dix, c'est parce qu'ils s'imaginent que l'articulation nette déplacerait leur voix. Quelle erreur! C'est le contraire qui se produit. C'est pour la même mauvaise raison qu'ils s'abstiennent autant que possible de prononcer les consonnes.

Ils ne comprennent pas que prononcer les consonnes, c'est donner à chaque syllabe une instantanéité, une force, une signification, une couleur qui lui sont précieuses.

Dire que celui qui articule bien pourrait se passer de voix n'est pas absolument un paradoxe.

La forme de la bouche la plus favorable à l'*articulation* d'une voyelle sera, à coup sûr, la plus favorable aussi à l'*émission* de cette voyelle.

Au reste, quand une syllabe est très articulée, elle porte sans qu'il soit nécessaire de l'amplifier par un appui de phonation.

Beaucoup de chanteurs ne font porter qu'un certain nombre de syllabes; ils se complaisent à celles qu'ils croient favorables à une belle sonorité : ce sont ceux qui ont l'insupportable habitude d'appuyer et de s'étaler sur les *e* muets terminant les mots.

Par ce procédé fâcheux, l'équilibre dans la prononciation est rompu : des voyelles portent trop, d'autres restent sourdes ; aucune n'a sa valeur réelle et l'auditeur, devant ce *charabia*, est obligé de remettre tout en place ou de se résigner à ne pas comprendre.

On entend aussi des voix qui ne portent que dans les récitatifs parce que là, il y a nécessité d'articuler, de « mettre en avant ». Cela vient à l'appui de ce que nous disions plus haut : articuler, ce n'est pas déplacer la voix, c'est la placer.

❧

De grands artistes, des maîtres, ont attaché, comme nous, une importance capitale à l'articulation ; nous avons peine à croire qu'un professeur, digne d'enseigner, relègue cette qualité au second plan.

Le chanteur en a plus besoin encore que le comédien puisque les paroles qu'il émet doivent être entendues malgré la musique et en même temps qu'elle.

« Il faut » dit Perrault « que dans un mot qui se chante, la syllabe qu'on entend fasse deviner celle qu'on n'entend pas, que, dans une phrase, quelques mots qu'on a ouïs fassent suppléer à ceux qui ont échappé à l'oreille, et, enfin, qu'une partie du discours suffise seulement pour le faire comprendre tout entier. »

Si les élèves étaient mis à même de lire, dans une sélection intelligemment faite, ce qui a été écrit d'utile sur l'Art dans lequel ils veulent se distinguer, ces vérités se graveraient dans leur esprit. Mais ils n'en sont nullement pénétrés et le professeur doit suppléer à cette insuffisance de culture. Nous avons pensé qu'à la leçon parlée, il est bon de joindre la leçon écrite, en manière de *vade mecum* pour les uns, d'initiation pour les autres.

LE RYTHME

Le rythme est la subdivision métrique de la mesure. »

On ne pourra nier que la première qualité chez un artiste soit — après la justesse — celle de chanter en mesure.

Le premier défaut, chez les chanteurs ordinaires, c'est le manque de rythme. Cela reviendrait à dire qu'il est indispensable pour chanter convenablement, d'être musicien (ce qui est indéniable), si l'on était sûr que tous les musiciens chantassent avec rythme (ce qui ne serait pas exact). Est-il possible de soutenir, de nos jours encore, qu'il est inutile à un chanteur d'être musicien. (J'ai entendu déclarer le plus sérieusement du monde que, même, c'est un danger. Dans l'enseignement musical, on s'habitue à entendre tant et de telles choses !)

On cite, à l'appui de cette théorie, Rubini, Lablache, Ronconi. Il est possible que ces virtuoses, qui ont laissé un si grand nom dans l'histoire du théâtre lyrique, n'aient eu sur la technique que des idées vagues. En tout cas, s'ils ont mérité leur gloire, c'est qu'ils étaient doués d'une organisation exceptionnelle, d'une sensibilité naturelle, d'un sentiment inné de la musique. C'est même cela qu'il faudrait entendre par « être musicien ».

Et c'est cette disposition qu'il s'agit d'extérioriser, d'amplifier chez un jeune artiste, d'éveiller même, si elle sommeille en lui.

Gounod disait : « aller en mesure, c'est presque du génie » et il ajoutait : « la maladie de notre époque est le dédain de la mesure [1] ».

Il semble à certains chanteurs que, emprisonnés dans la durée des temps qui composent une mesure, ils n'ont plus aucune liberté d'expression et qu'ils doivent atténuer le charme ou l'éclat de la phrase musicale.

Tout au contraire, le rythme, seul, permet de sentir la mesure et de conserver l'équilibre de la phrase.

La mesure est un principe d'ordre au point de vue de la pondération

[1] Elle est de tous les temps. Quand Sophie Arnould chantait au xviiie siècle les opéras de Rameau, les « batteurs de mesure » lui reprochaient de « ne pas aller *de mesure* » suivant l'expression de l'époque.

purement numérique de la phrase musicale ; c'est un principe aussi au point de vue de l'expression.

« La notion de la *mesure* », a écrit Gounod, « contient celle du *rythme* qui en est la *subdivision caractéristique et prosodique*. C'est donc porter atteinte au rythme et à la prosodie que de se soustraire à l'empire de la mesure et à son influence régulatrice. Cela suffit à donner l'idée du préjudice que le dédain ou l'inintelligence de la *mesure* sont capables de porter aux œuvres musicales. »

L'EXPRESSION

« Toute l'âme peut passer dans la voix. »
LAMARTINE.

L'expression est le privilège des véritables artistes. C'est, au théâtre, la qualité primordiale, celle qui est le plus appréciée du public, — de tous les publics.

C'est l'art de faire éprouver par l'auditeur l'émotion ressentie par l'interprète.

Cet art, qui semble n'appartenir qu'au domaine de la sensibilité, résulte, dans le *chant proprement dit*, de deux moyens : l'un, matériel, est obtenu par le travail mécanique de la voix (nous l'avons étudié dans les *Sons nuancés* et dans *le Chant Lié et Soutenu*) ; l'autre, difficilement réalisable sans le premier, est subordonné à l'organisation de l'interprète.

Nous avons dit que l'*Idée artistique* ne peut être réalisée que par un chanteur, maître du mécanisme de sa voix.

Mais nous songerons que le chant théâtral se réduit à trois *effets* principaux. Il faut faire à celui qui prédomine le sacrifice des deux autres.

1° L'effet de la phrase musicale : sacrifier, s'il le faut, la parole.

2° L'effet de la parole : faites valoir avant tout le Verbe : récits et chants déclamés.

3° L'effet de la voix : faites tout pour la rendre belle. D'abord, la sonorité.

Donc, lorsque l'expression domine — il faut, au besoin, lui tout sacrifier. Soyez expressif — la voix passera au second plan. « Jouez la situation ». Mais pour discerner où se trouve réellement l'« effet », il faut le goût d'un artiste studieux et réfléchi.

❧

Doit-on ressentir ce qu'on veut faire éprouver au public ? Est-il possible de produire l'émotion sans l'éprouver ? Diderot, avec le *Paradoxe sur le Comédien*, offre à notre jugement, ces différentes appréciations.

Pour quelques-uns, l'art consiste à ressentir, *en travaillant*, une émotion que l'on *exploite*, ensuite, devant le public :

Exprimer, c'est ressentir. Mais c'est *imaginer*, aussi. C'est l'identification intérieure — par une sensibilité et une imagination secrètes — avec un sentiment, avec les sentiments d'un personnage. L'acteur *crée en lui* un état ;

il se *compose* une âme. Ce résultat obtenu, il extériorise ses sensations devant le public. A ce moment-là, il s'efforce de *convaincre* celui-ci, mais il n'atteindra la vérité d'expression que s'il arrive à se convaincre momentanément et artificiellement soi-même, en puisant son émotion dans le foyer qu'il s'est préparé à l'avance. Et c'est alors, au moment où le public est là, qu'il doit mesurer son extériorisation.

Il serait donc juste de dire que l'émotion de l'acteur est très spéciale, qu'elle appartient au domaine de l'*auto-suggestion* et ne doit pas dépasser les limites de la volonté cérébrale[1].

Il est certain que l'héroïne d'un drame, au moment où elle va recevoir le coup mortel, se préoccupe d'arranger la traîne de sa robe, de s'approcher du fauteuil dans lequel elle va s'abattre, de préparer, enfin, sa propre mort. Voilà bien l'indice qu'elle a « toute sa tête! » Ce qui n'empêche pas Sarah Bernhardt, dans ces moments-là, de pleurer de *vraies larmes*. (Remarquons que, chez une chanteuse, ces larmes produiraient la voix nasonante, proche du ridicule).

Question de mesure, de goût, de sensibilité.

Les artistes ont des organisations spéciales. Chacun d'eux extériorise la sensibilité qui lui est propre.

Certains acteurs — Mᵐᵉ Dorval, entre autres, qui *vivait* intensivement ses rôles, La Malibran, dans le monde des chanteurs, et bien d'autres que nous ne pouvons nommer ici — prodiguaient le sentiment qui montait de leur cœur à leurs lèvres. Le public n'échappait pas à cette emprise; mais d'autres artistes avaient *appris* l'art de l'expression, en possédaient l'intelligence innée ou acquise et arrivaient à de semblables résultats.

On peut donc apprendre l'expression? Certes, oui. Il ne faut pour cela que du travail et de l'intelligence.

Or, on peut travailler en étudiant des modèles. L'admiration conduit à l'imitation et l'imitation est un moyen de s'assimiler les qualités d'autrui.

On ne sait pas assez le parti qu'on peut tirer d'un morceau en en poussant l'exécution, en la refaisant, en la perfectionnant, en ajoutant le coloris à l'énergie, en donnant à chaque objet une forte lumière, en exprimant chaque pensée comme une image, et tout cela avec des moyens simples, car le naturel et la simplicité sont la vraie force. Comme il est des femmes à qui il sied de n'être point parées, la simplicité nous plaît même sans ornements. Cicéron, je crois, a dit : Il est *un art* de paraître *sans art*.

Mais il y a le don naturel puisque, dit l'Écriture, l'Esprit souffle où il veut.

[1] Cette remarque d'auto-suggestion nous amène à l'hypnotisme.
On connaît Madeleine qui, avant de se découvrir une voix charmante de mezzo-soprano, fit courir tout Paris, à des séances où, sous l'influence du sommeil hypnotique, elle mimait avec un art qui étonna et charma nos plus grands comédiens et tragédiens, des fragments, des scènes entières, dont on exécutait la musique et que, le plus souvent, elle entendait pour la première fois.
Un hypnotiseur peut suggérer à un sujet, choisi parmi de fort braves gens, l'idée qu'il est un assassin. Et, sous les yeux du public, ce sujet accomplit le plus horrible crime... avec un poignard en bois que l'on a mis dans ses mains.

Un jour, Got scandalisa grandement l'enseignement officiel, en apostrophant ainsi ses élèves du Conservatoire :

« Vous n'éprouvez rien ! Vous n'êtes pas des artistes. Vous n'avez pas d'émotion. En sortant d'ici, allez donc *en face*, à l'Alcazar. Thérésa y chante. Regardez-la; écoutez-la : vous verrez alors ce que c'est qu'une grande artiste ! »

L'apostrophe était, pour cette époque lointaine, un peu osée : Thérésa interprétait des chansons censurées avec virulence et les mères ne conduisaient pas leurs filles à l'Alcazar. L'audace de ces compositions réalistes est aujourd'hui tellement dépassée, et d'ailleurs transformée, que, pour un peu, les pensionnats de demoiselles s'arrangeraient des petits poèmes — la chanson n'est qu'un petit poème — de la populaire diva. D'aucuns disaient *populacière*.

Got avait raison : dans une phrase triviale, à la suite d'une expression commune, l'auteur avait quelquefois placé un mot dont Thérésa tirait un saisissant effet. Le public qui la regardait et l'écoutait se sentait empoigné, c'est le mot, par une émotion contre laquelle il eût en vain prétendu se raidir : la voix se faisait douloureuse, caressante, acquérant un timbre qui allait au cœur. C'était l'amour, la souffrance, le regret, on ne sait quoi, mais quelque chose de communicatif qui s'échappait avec des raucités souvent voulues ; et, des hommes de théâtre, très avertis, très cuirassés contre l'émotion, cueillaient du bout du doigt une larme au bord de leur paupière. Le modèle valait d'être étudié.

Les gens de la génération précédente n'ont pas oublié comment une autre chanteuse populaire, M⁽ᵐᵉ⁾ Bordas, disait :

> *C'est la canaille*
> *Eh bien !... J'en suis !*

Qu'on le voulût ou non avec elle, à ce moment, *on en était !*

Il y avait aussi, à cette époque, Darcier qui impressionnait les foules par la force de sa diction et par une simplicité, affirme-t-on, émouvante.

Ce qui communique l'émotion, c'est donc bien l'expression.

A un jeune homme qui, devant lui, venait de dire *Aymerillot* de la façon la plus admirable, Victor Hugo fit cette remarque :

— C'est fort bien ; mais, il me semble que les vers de *La Légende* peuvent être simplement *lus* « comme ceux d'Homère ».

Le grand poète pouvait se permettre cette saillie ; on était chez lui comme au cénacle, guettant le regard du Maître et buvant ses paroles. Toutefois, chacun gardait son opinion : les beaux vers d'*Aymerillot*, dits avec cette expression sobre et imposante, acquéraient un relief nouveau et superbe, sinon indispensable. La lecture silencieuse, par les yeux, forçait l'admiration, sans émouvoir, à beaucoup près, autant que la diction expressive.

Voilà pourquoi Lamartine formulait une vérité en disant :

Toute l'âme peut passer dans la voix.

LE GESTE. L'ATTITUDE

Soyez, en général, sobres de gestes. Pour régler votre action, pénétrez-vous du caractère de votre personnage, de ce que son âge permet ou commande, de la situation dans laquelle il se trouve par rapport à l'action ; inspirez-vous des coutumes de l'époque choisie par l'auteur ; par conséquent, du costume qui marquera la convenance de tel mouvement, de telle attitude.

La foule, on le sait, n'apprécie pas toujours la différence qui existe entre le geste juste et l'attitude fausse ; elle n'est pas toujours accessible à la sensation de l'art plastique vrai.

On voit beaucoup de chanteurs, surtout beaucoup de chanteuses, forcer le succès au moyen d'une mimique exagérée, fausse, ou par une insupportable afféterie, et l'on est tenté de se demander si l'harmonieuse élégance du geste simple et vrai éveillerait chez le public un sentiment d'admiration.

Ainsi arrive-t-il qu'une foule ignorante admire franchement et attribue à quelque maître un vulgaire chromo, rutilant de nuances séduisantes, un trompe-l'œil éclatant.

Toutefois, persuadons-nous que le geste juste a sur les foules une puissance qui les soumet.

Et nous avons pu constater que ces admirateurs de vulgarités ne manquent pas de s'arrêter, émus et comme stupéfaits, devant une œuvre maîtresse dans laquelle leur apparaît la noble beauté de l'art vrai.

Tous ceux qui sont devenus les maîtres du barreau — et parmi ceux d'aujourd'hui il en est des plus grands et des plus chers à mon amitié qui pensent comme moi, — tous ceux-là, dis-je, joignent à leur éloquence, à leur don de la parole, le geste précis, énergique et persuasif propre à donner la vie au discours.

Les grands orateurs qui se sont adressés directement au peuple ne lui ont parlé que dans un langage ordinaire, afin de rester à la portée de tous ; mais ils ont relevé, par la noblesse du geste, la vulgarité voulue du verbe.

Dans les réunions publiques, quelques-uns poussent si loin la témérité de la parole, qu'ils ne sortiraient pas vivants s'ils ne disposaient d'aucun autre moyen d'éloquence ; c'est ainsi que Gambetta n'eût jamais achevé la fameuse apostrophe : « Esclaves ivres, j'irai vous chercher jusque dans vos repaires ! » si la suprême beauté de son geste et la fermeté de son attitude ne lui eussent permis d'imposer impunément à la foule une telle injure.

Le geste peut subjuguer et entraîner. Étant l'*action*, il doit agir. Si le public n'en est pas troublé, l'orateur — ou le comédien — ressemble, selon l'expression de Démosthènes, à un homme ivre devant une assemblée à jeun.

Le comédien se donne, se prodigue quelquefois ; c'est ainsi que Mme Dorval, dont le jeu pathétique et vibrant galvanisait toute une salle, disait, au sortir d'une représentation qui lui avait valu un triomphe : « Ah ! ils peuvent bien m'applaudir, c'est ma vie que je leur donne ! »

Évidemment, ces natures sont rares et l'on ne peut le regretter; mais l'exemple qu'on en tire est utile.

Il convient de diriger l'éducation du comédien et du chanteur dans cette voie ; et, pour ce qui est spécialement du chanteur, cette éducation doit porter sur la mentalité du sujet autant que sur le mécanisme du virtuose.

L'école nouvelle veut, pour que l'interprétation soit complète, voir agir des personnages autant qu'entendre des voix.

Il y a là tout une étude pour qui veut exceller dans son art. N'oublions pas que les comédiens dont le nom reste impérissable ne se sont jamais cru arrivés à la perfection. Ils ont, avec un soin jaloux, travaillé le côté plastique, sculptural de leurs rôles.

Rachel, la grande Rachel, passait des heures entières au Louvre devant une statue grecque ou devant un marbre romain ; elle cherchait dans ces modèles, immobiles cependant, l'art de se draper et les mouvements qui devaient résulter de cette harmonie du corps et du costume.

Elle apprit ainsi à se poser. Il semblait qu'elle eût toujours familièrement porté le peplum, chaussé le cothurne et que les statues lui eussent appris à marcher ! — oui, à marcher — lui livrant ainsi le secret de vie que les maîtres du ciseau avaient enfermé dans ces marbres magnifiques.

Elle était elle-même une statue animée dont ceux, — rares maintenant — qui l'ont vue jouer, n'ont jamais oublié la tragique et séduisante vision.

Frédéric Lemaître, vieux, usé, presque aphone, poussa le talent de se grimer, la beauté du geste et l'expression de la physionomie jusqu'au point de soulever d'admiration tout un monde de spectateurs qui n'entendaient que vaguement sa voix définitivement enrouée.

Mélingue, le Mélingue adoré du public des anciens boulevards, se grimait avec un art infini, une variété qui réalisait son personnage quel qu'il fût. Mounet-Sully, Sarah Bernhardt, riches déjà de moyens exceptionnels, ont toujours apporté un soin extrême à chercher le geste juste, l'expression parfaite du visage, la réalité du costume. Le *tout* de leur talent génial se compose de ces détails que seuls les médiocres négligent ou dédaignent.

LA MISE EN SCÈNE

La mise en scène, très à la mode aujourd'hui, s'entend de deux façons : elle comprend l'art du décor, de l'éclairage, de l'arrangement, de l'harmonie du cadre dans lequel se déroule l'action et aussi, — ce qui est la mise en scène véritable — l'art, plus psychologique, de grouper les personnages, de les faire évoluer, de les faire *vivre*.

La première de ces divisions est aujourd'hui l'objet de réflexions plutôt chagrines ! Il s'y rencontre un danger : le luxe effréné et dispendieux, nécessité, depuis quelques années, par les représentations théâtrales.

Certes, cet art exige du goût et de l'érudition, — mais, encore et surtout,... beaucoup d'argent. Il offre d'autres périls : d'abord celui de *déformer* certains ouvrages, tout au moins certaines parties d'ouvrages, écrits à une époque et d'après une conception qui s'accommodent mal de remaniements intempestifs ; ensuite, de détourner l'attention du public, par un détail ingénieux ou criard de mise en scène, au préjudice de l'œuvre même : en un mot, de distraire et d'amuser l'œil, alors que l'auditeur devrait être attentif à la seule beauté de l'art vrai qui, à ce moment-là, se révèle à lui.

N'a-t-on pas reproché récemment à la mise en scène actuelle de *noyer* sous elle des œuvres de valeur et de *sauver* de la chute des productions ordinaires ?

Consignons ici l'intéressante et judicieuse observation de M. Paul Ginisty relativement aux nouvelles manières de régler la mise en scène :

« Devant la somptuosité des décors, des costumes, des meubles, des accessoires, devant ces ors et ces lumières dus seulement aux décorateurs, aux électriciens, aux costumiers, il n'est pas rare d'entendre dire : « Quelle belle mise en scène ! » Qu'un régisseur donne à un camarade une intonation juste ou à effet, on s'écrie facilement : « Quel excellent metteur en scène ! » On commet là des erreurs, car ce professorat et ces richesses n'ont aucun rapport avec la mise en scène. »

❧

Il ne faudrait pas croire que le souci de la mise en scène soit une préoccupation essentiellement moderne. Sous le ciel rayonnant, dans l'air léger qui agitait les oriflammes, la scène grecque, infiniment moins limitée que la nôtre, se prêtait au déploiement des pompes vastes et magnifiques.

Là, se représentaient les œuvres d'Eschyle : *Prométhée* et les *Perses*. Les tragédiens antiques mettaient en œuvre tous les moyens, comme de nos jours. La tragédie correspondait, du reste, à l'opéra actuel : la musique et la poésie, la danse et les ensembles de chœurs, et la décoration machinée déjà et le rideau qui se *levait* pour terminer l'action et se *baissait* lorsqu'elle allait commencer.

Sous l'Empire romain, avec la décadence de la poésie, la mise en scène se développa encore. Horace [1] nous en dépeint les magnificences, et, en déplorant que l'intérêt du théâtre fût pour les yeux plus que pour l'esprit, il nous détaille les entrées de bataillons et d'escadrons, les cortèges de rois enchaînés, les exhibitions de girafes, d'éléphants et même de vaisseaux.

La richesse de notre mise en scène, en toile peinte, en carton colorié, ne peut être comparée à la munificence des Romains qui étaient nos maîtres.

L'édile Scaurus, nous dit Pline l'Ancien [2], fit bâtir, pour le peuple, un théâtre à trois étages soutenu par trois cent soixante colonnes. L'étage inférieur était tout entier en marbre, celui du milieu, celui du haut en bois doré. Le tout orné de trois mille statues de bronze, de tableaux, de tapisseries, de tentures magnifiques.

Les costumes et les décors étaient en toile d'or.

Un autre praticien, Caius Curion, l'égala en magnificence, le dépassa par l'ingéniosité de son plan : deux théâtres, construits côte à côte, après le spectacle tragique, pivotaient sur eux-mêmes sans que le public bougeât et le tout formait un immense amphithéâtre où se donnaient des combats de gladiateurs.

Plus près de nous, le cardinal de Richelieu fit de véritables prodigalités, dans la mise en scène de *Mirame*, en 1641, sur le théâtre construit, à cette occasion, dans une aile de son palais.

Mais — pour aller au plus bref — la réforme du costume, si heureusement tentée par Lekain, et définitivement accomplie par Talma, amena un revirement : la recherche de la vérité théâtrale. Plus de contre-sens, plus d'anachronismes — et nous arrivons alors à l'exactitude des décors et des costumes, aux effets de lumières, aux applications les plus ingénieuses des progrès scientifiques de notre époque, dont Irving, le célèbre acteur anglais, fut l'un des premiers réalisateurs.

Wagner réglait lui-même, avec passion, ce qui tenait non seulement à l'interprétation de ses œuvres, mais aux décors, aux changements à vue.

⁂

Mais notre mise en scène à nous, celle qui ne s'en tient qu'aux personnages, « ce professoral, ces richesses », notre mise en scène, comme le théâtre et la musique, a évolué. Plus on y a cherché la simplicité, la vérité, plus elle est devenue compliquée. Plus on a voulu s'éloigner des conventions et aller vers la logique, plus on a rencontré de difficultés.

[1] *Épîtres*, 1, II.
[2] *Histoire Naturelle*, L. XXXVI, ch. xv.

C'est que nous sommes loin des opéras où les personnages se plaçaient en « rang d'oignons » pour chanter chacun sa partie dans l'ensemble, les chœurs étant bien alignés de chaque côté.

Et nous rions depuis longtemps de ces masses qui chantent à tue-tête : « Marchons! Marchons! » sans jamais remuer. Nous connaissons tous cet opéra où les chœurs, immobiles, devant le cadavre d'un des principaux personnages, s'écrient : « Vite, accourons, il faut le secourir! »

Et nous avons pu entendre, dans un autre ouvrage, un quatrième acte fameux, où les conjurés se disent mystérieusement : « Retirons-nous sans bruit » et profitent de ce moment pour revenir en scène et attaquer plus fort que jamais, avec accompagnement de trombones et de grosse caisse, le célèbre ensemble : « Pour cette cause sainte! »

Mais tout cela n'est rien, comparé à ce qui se passe dans les compagnies italiennes. Il y a quelques années, à Londres, à Covent-Garden (Royal Italian Opera) je jouais, pour la première fois, en italien, *le Barbier de Séville*. Dans ce théâtre, on ne consacre aux ouvrages du répertoire qu'une seule répétition. La cantatrice — célèbre parmi les célèbres — qui jouait Rosine, ne répétait pas, elle, et déléguait son mari! Celui-ci répétait pour elle. Il prenait une chaise — s'installait devant le trou du souffleur, laissait jouer l'orchestre et réglait les points d'orgue.

Arrivé à l'un des passages importants de mon rôle, j'esquissai quelques mouvements de scène, m'imaginant Rosine tantôt à droite, tantôt à gauche. Pendant ce temps-là, le mari qui n'avait pas quitté sa chaise et qui me gênait beaucoup, on le pense bien, me toisait dédaigneusement. A la fin, je m'approchai de lui et lui demandai timidement : « J'ignore la mise en scène italienne. Pouvez-vous me dire par où sortira... Madame? » Et le mari de répondre : « La loge de ma femme est à gauche. Elle entre et elle sort toujours par la gauche afin d'être plus tôt rendue et ne pas s'essouffler ». Mais, le soir de la représentation, lorsque je me trouvai en présence de Rosine, je me hasardai à me renseigner plus exactement : « Veuillez me dire seulement où vous vous tiendrez pendant notre grande scène du deuxième acte ». Et de sa voix d'or, la cantatrice — célèbre parmi les plus célèbres : « Où je me tiendrai? Oh! moi, cher monsieur, je me tiens toujours où il n'y a pas de courants d'air! »

Ab uno disce omnes!

En terminant, m'assaillent les scrupules du début. Je tiens à répéter que ce livre est une simple moisson d'idées personnelles ou recueillies, l'ordonnance de quelques pensées. Je veux déclarer que je n'ai point prétendu à imposer mes formules comme des dogmes.

Au cours de ce trop rapide travail, il me semble avoir passé sous silence la moitié de ce que j'avais à dire, mais je suis certain d'avoir parlé dans le seul intérêt des élèves, de n'avoir enseigné que ce dont je suis convaincu, ce que l'expérience des maîtres qui m'ont précédé et ma propre expérience m'ont appris.

J'ai dit que l'art du chant est un édifice entier, ayant sa base normale, son élévation, son couronnement.

A cet édifice, j'ai apporté ma modeste pierre, peut-être seulement un grain de sable.

Si je n'avais pas cru être utile, je serais inexcusable.

Enfin, j'estime que contribuer à étendre et à perfectionner l'enseignement est un devoir pour le professeur digne de sa mission. Ce devoir, je me suis efforcé de le remplir. Si d'autres font plus et mieux, je serai le premier à m'en réjouir.

On pensera peut-être que j'ai trop insisté sur la longue durée des études, sur les difficultés et les incertitudes de la profession de chanteur.

C'est une vérité bonne à faire connaître.

Oui, la carrière du théâtre est semée d'écueils. Heureux les privilégiés qui arrivent à la renommée, sinon à la célébrité. Cette célébrité, même si on l'acquiert, combien de temps la peut-on conserver ? Le nom d'un très grand artiste est vite effacé ; notre génération n'a retenu que celui des sujets exceptionnels et la génération qui suit les oubliera.

Ce que le chanteur, aujourd'hui, cherche à fixer, c'est le succès et la fortune : l'un et l'autre ne sont rien moins qu'assurés.

Est-ce à dire que je veuille décourager les jeunes artistes ? Non, certes. Il y a d'ailleurs des vocations et surtout des organisations que rien ne décourage, que les difficultés stimulent, au contraire.

Les sujets ainsi doués ont, comme le conscrit du premier Empire, le bâton de maréchal dans leur giberne !

Si j'ai pu convaincre les jeunes chanteurs que le mécanisme du larynx est intimement lié au mécanisme du cerveau et que l'avenir appartient à ceux qui ne seront pas seulement des virtuoses, mais aussi de véritables artistes, je croirai n'avoir pas perdu mon temps.

TABLE DES MATIÈRES

ÉVREUX, IMPRIMERIE CH. HÉRISSEY, PAUL HÉRISSEY, SUCCᴿ

www.ingramcontent.com/pod-product-compliance
Lightning Source LLC
Chambersburg PA
CBHW070416090426
42733CB00009B/1693